京都発　地域経済の再考

坂本信雄 著

八千代出版

はじめに

　コロナ禍に見舞われた日本列島ですが、その変化の底流にはコロナ禍だけではない確かな脈略がありそうです。資金の流れ、制度の変更、人々の意識の変化、環境の変化など、どれもこれも地方の変革、そして日本の変革を促すものです。

　京都は歴史の舞台、文化の発信、学術の創造などにおいて、他の都市を凌駕しているかもしれません。それに比べて経済力は一部有力企業の名前を耳にすることはあっても、それほど伝わってこないように思われます。

　地図をよくみると、京都府は、日本海に達する北部の丹後半島から、奈良県、大阪府などと隣接する南部に至るまでの領域を形づくっています。しかし、様々な発信の多くは京都市からのものが多いと思われるでしょう。それもそのはず、東京都を別格とすれば、全国のなかでも京都市こそ、言わば一極集中と呼ぶべき都市なのです。

　京都市のあれこれを取り上げれば、京都を語るに相応しいかもしれませんが、それではあまりに偏った情報となり、日本各地の多くの地方が抱えている課題に応えることにはなりません。このことから、本書では府内自治体の分析を通じて比較する、地域の「相対化」に分析の視点を置きました。

さらに、地方にも SDGs（Sustainable Development Goals）の流れが浸透しつつあり、自ずとその対応に迫られています。そして、それは地方の豊かさを問い直す機会にもなっています。

　本書は決して観念論や概念論ではなく、あくまで統計データを元に、まさにエビデンス（根拠）に基づいて記述することを心がけています。エビデンスに基づく地域経済考察のあり方は、これからますます重視されていくでしょう。しかし、一般に地方になるほど利用できる統計やデータが限られています。しかも統計の公表自体が遅れがちであり、過去の実績に依存せざるを得なかったことは否めません。

　本書を通じて京都を観る眼が少しでも新たになり、また、多くの自治体が抱えている諸課題にとっても何らかのヒントになれば、著者にとってはささやかな喜びであります。

　2021（令和 3）年 晩秋

　　　　　　　　　　　　　　　　　　　坂本　信雄

目　　次

1 京都市への集積度合いをみてみよう

　都市には多くの人々が集まり、そして多くの商工業があり、文化も醸成されます。大都市になればさらに政治の役割も大きくなります。なかでも行政区分としての「政令指定都市」は、市のなかでも人口 50 万人以上の政令で指定された市ですが、現在 20 市が該当しています。そのなかで人口数が道府県の人口に占める割合をみると、京都市が 56.1%と最も高い比率になり、以下仙台市 47.0%、広島市 42.0%の順になります。同様に市内総生産も京都市が 56.9%、仙台市 51.4%、広島市 42.5%の順になっています。

　ここでは大阪府や神奈川県、福岡県のように、府県内に 2 つ以上の政令指定都市がある府県を除いています。つまり、京都市は多くの自治体のなかでも、人口も経済力も集中していることを示しています。その他の指標も図 1-1 に示すように京都市のウエイトが高くなっています。これは、京都府の経済が京都市の経済に左右されるようになっており、大きく依存していると言い換えてもよいでしょう、結果として府と市の経済活動はかなり連動していることを示唆しています。

　これに伴う人的基盤についての人口移動をみてみましょう。京都市は、通勤・通学の移動を含めた昼間人口が 158 万人台と、定住人口（夜間人口）よりも約 12 万人も多くなっています。人々が日々京都市へ移動している計算になり、様々に何らかの経済活動に結びついていることになります。京都市へ

図 1-1　京都市の京都府に占める経済力

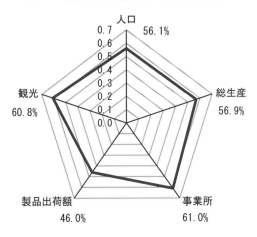

注：京都府統計書に基づく。

の移動者数について主な自治体をあげると以下のようになります。

　　宇治市 2 万 7000 人　　　　大津市 2 万 3000 人

　　亀岡市 1 万 1000 人　　　　向日市 1 万 1000 人

　　長岡京市 1 万 1000 人　　　城陽市 9000 人

　　高槻市 7000 人　　　　　　枚方市 6000 人

　　大阪市 5000 人

　周辺自治体からの移動者の多くは職場への移動ですが、

これを民間事業所数でみると京都市で7万に上り、府全体の事業所数の62.1%（2016年）を占めています。そこで生み出される製品出荷額は府全体の48.3%であり、しかもこの比率は2010年の46.4%よりも上昇しています。つまり府全体の経済力の半分近くは京都市の経済力に依存していることになります。

　それはまた周辺の自治体の経済活動も多分に京都市に依存していることを意味し、そして、何らかの経済活動との関連性が浮かび上がってきます。つまり経済活動は製品などの販売のみならず、仕入先、設備投資、資材などの外部調達でも京都市企業との密接な取引関係をもたらすことになります。

　京都を代表する大手企業（2020年の年間売上高1兆円以上）を売上高が多い順にリストアップすると、以下のようになります。

　　京セラ株式会社
　　株式会社村田製作所[1]
　　日本電産株式会社
　　株式会社マルハン
　　任天堂株式会社
　　株式会社SCホールディングス

　また、京都市内にはいわゆる老舗が多いことも知られています。創業100年、なかには1000年以上を自負するお店も少なくありません。京都は伝統産業としての和装に関する産業や華道・茶道教室なども特筆されるものがあります。

　これに関連する業種として、特化係数[2]でみた織物業事業所数や染色整理業、さらには和装製品製造業の事業所数も京都府は全国一になります。もっともこれらは京都市内だけの事業所に限らないのですが、京都市内に多くの事業所が立地していることは間違いないようです。京都市は自らもこれら産業を伝統産業として振興しているのですが、この10年余にかけて出荷額が減少傾向にあります。とくに京友禅や京小牧といわれる織物手加工染色などの出荷額の減少が目立っていますので、京都市はその振興策に力を入れています。

　また、京都市は経済的分野以外の例えば文化・教育分野においても大きな存在となっています。なかでも府内の神社仏閣の62.4%は京都市にあります。もともと京都市は宗教法人が多い方です。2020年3月現在で2395法人と、京都府全体の5542法人の43%台を占めています。また、2019年の経済センサスに基づく事業所調査の結果によれば、神道系宗教法人は全国9位、仏教系宗教法人は全国5位のランクになっています。神社や寺院が多いことにより歴史的にも貴重な文化財が保蔵されていることが推定されます。

　実際に美術工芸品と建造物を合わせた「国宝」級の保有数（国宝＋重要文化財）をみると、京都府が2422件と、1位の東京都に次いでおり、その多くは京都市内の神社仏閣が保蔵しているものとみられます。そのうち美術工芸品は2071件で、建造物が351件になります。これらの「国宝」級文化財の存在が、京都観光を呼び込む大きなきっかけになっているようです。

　教育関係では、京都府内には大学などの高等教育機関が国公立、私立をあわせて46校存立しており、学生数は16万人台で、人口に対する学生の比率は全国1位になっています。そのうち京都市内には37校が存在しています。大学は、人材育成としての教育効果はもとより、地域や民間企業との連携を伴う研究活動、ボランティアなどの社会貢献、さらに研究機材の調達や食事、日用品の購入など、地元消費効果におけるプラス効果も大きいものです。また、大学には教職員の雇用効果もあります。2019年度の文部科学省「学校基本調査」によれば京都市内の大学教員数は2万1155人であり、その数は東京都区部の10万1233人に次いでいます。京都府の大学、専門学校を含む教職員総数に占める大学教職員の割合も東京都に次いで高い割合になっています。

　これと関連して、府内の高等学校卒業者の大学・進学率は65.9％であり、4年連続で全国1位になっています。京都府

は大学の数が多いこともあって授業料や補習教育向け支出など
なども全国平均に比べて高く、それぞれ1位、3位になってい
ます。それだけ教育に向ける保護者の強い思いが現れている
と考えられます。また、これを従業者数の特化係数でみると、
大学の従業者は2位の奈良県、3位の愛媛県を凌駕して京都
府は全国1位になります。高等教育機関の存在は京都経済を
支えることに結びついているといってよいでしょう。

　なお、同様に京都らしさを伝える従業者数の特化係数は、
芸術家では全国1位、デザイン業でも全国3位になるほか、
日本料理店や骨とう品小売業でも京都府は全国1位になって
います。

　しばしば、「住んでみたい街」などの各種調査[3]において、
京都市がランキング上位にあがる背景には、多分に京都市の
文化や教育を含む評価が大きい事情を反映しているといえる
でしょう。

　様々な点で京都市への集中が際立っていますが、その京都
市が現在、財政上の課題を抱えていることについては6章で
詳述します。なお、京都市は行政区域として11の区から成り
立っており、人口数では伏見区が27万人台、以下右京区
19万人台、左京区15万人台の順になっています。人口数は
府内では京都市に集積していることになるのですが、区レベ
ルでみれば特定の区に集中しているわけではありません。

　また、京都府議会における京都市選出の議員数は34名で、府議会議員総数60名の56%を占めており、京都府の人口数に占める京都市の人口数の割合にほぼ見合っています。

【注】

1) 株式会社村田製作所の登記上の本社は長岡京市になっています。

2) ここでの特化係数とは以下の算式になります。
　 京都府の織物業事業所数の特化係数＝京都府（市）の織物業事業所数／京都府（市）の全事業所数÷全国の織物業事業所数／全国の全事業所数

3) 例えばダイヤモンド社の2020年度「市区町村魅力度ランキング」では京都市は1位でした。さらに、2021年10月に公表された民間シンクタンク「ブランド総合研究所」の調査によれば、都道府県別魅力度ランキングで京都府は2位、また市町村別では京都市が3位でした。なお、京都市は前年が1位でしたが、今回は点数が前年よりも10ポイントアップしたものの、3位でした。

2　京都の経済成長の確認

● 国より遅れる地方経済の成長

　経済の全体の流れをつかむための有力な指標は国レベルでは GDP（国内総生産）ですが、都道府県や市レベルでもこれに準拠して総生産の統計がつくられています。個別の売上高などの動きだけでは経済全体の様子がどうしても把握しにくいので、いわゆる経済全体の有力な「森」の姿を表す、とても大切な統計です。しかし、そもそも全体の様子を把握するのには時間がかかりますので、公表される総生産の期間は、公表される時点ですでに1四半期程度遅れています。これらを考慮しながら国と都道府県の総生産の動きをみてみましょう。

　そもそも総生産の統計は生産額そのものではなく、簡略すれば総生産額から原材料費などを差し引いた付加価値の総額であり、これを生み出した生産要素について、分配した面からも、またサービスを含む生産活動に支出した面からもとらえられています。都道府県の総生産は県民経済計算としてほぼ GDP に準拠して作成されていますが、都道府県間の取引が十分に把握されていない事情などがあるので、これらを念頭に両者の動きをみることが大事になります。しかも、国の総生産よりも2年程度遅れて発表されています。

　図 2-1 は、2014 年以降における国の GDP と、京都府の

図 2-1　GDP と府内総生産の動き

注：GDP は政府経済見通し。府内総生産の見通しは、2014 年からの 5 年間の国内総生産に占める府内総生産の平均比率に基づいて延長推計した。

総生産の実額とその見通しを示しています。京都府の総生産が国の GDP に占める割合はここ 10 年間平均で 1.9％程度の割合ですが、国の動きとほぼ相応した動きを示しています。もっとも、2017 年以降は国の動きをやや下回る動きとなっており、両者は少し乖離しています。つまり京都府は 2014 年以降プラス成長をたどっているものの、このところ国ほどの経済成長を実現していないようです。点線は 2020 年以降の予測値ですが、2021 年はコロナ禍からの影響が薄らぐことを見込んで国の経済成長率が上向く予測になっており、同様の見方は京都府にもある程度当てはまるかもしれませんが、

それでも国との経済成長率の乖離が収まるかどうか予断を許しません。

　経済成長の実体は統計に基づいて判断することになりますが、どうしても過去の動きを生産活動や消費動向などを通じて観測することになりますので、GDP の統計は過去の実績そのものです。もちろん政府は予算編成にあわせてその年、そして次年度の予測数値も発表しますが、それは単なる予測とは異なり、あくまで政策目標としての性格を反映した予測値です。

　そこで、現在の景気や先行きの動きを観測する場合には経営者や消費者の判断を参考にすることが考えられます。確かに強気の生産計画を立てる企業関係者が多ければ経済は上向くことになり、逆に弱気の生産計画が多い場合には経済活動は弱含みに展開されます。ここでは景気判断に関する調査として景況判断や業況判断などの調査を取り上げます。それは総生産の統計のように過去の実績ばかりでなく、現時点における先行きの判断を示していることに特長があります。これに相応しいのは、近畿財務局京都事務所や京都商工会議所、日銀京都支店が発表している業況判断や BSI（Business Survey Index）です。これは景気を上昇と回答した企業の割合から下降と回答した企業の割合を差し引いて、2 で除したものです。日銀京都支店は滋賀県も含みますので、ここでは

図 2-2　京都の景況感

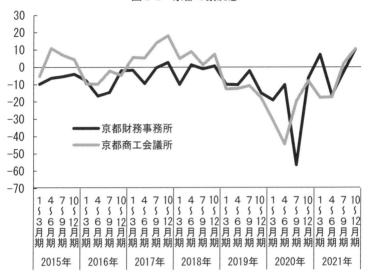

出所：近畿財務局京都財務事務所および京都商工会議所。

京都財務事務所[1] と京都商工会議所[2] の調査結果を分析して
みましょう。

　BSI については、2009 年以降リーマンショックの影響など
もあって、長い期間、業況判断はマイナスをたどっていまし
たが、2013 年末頃からようやくプラスに転じています。BSI
の振幅は変化があるものの、両調査ともほぼ相応した動きに
あります。大きな変動としては 2020 年に大幅に悪化してお
り、京都でもほかならぬコロナ禍の影響が大きいことを表し
ています。コロナ禍が収束に向かうことが景気動向を大きく

左右します。2021年に入ってやや改善が期待されていましたが、その後のまん延防止等重点措置や緊急事態宣言などによって景気の悪化は避けられず、BSIの展望は下方修正されることでしょう。

● 経済構造と地域経済循環率の関係

地域の経済成長はその地域の経済構造を反映していますので、まずは自治体における生産、分配、支出の三面からアプローチしている地域循環構造に関心が集まります。そこでは①生産面での所得の獲得、②生産から分配に至るプロセスの所得の流出入、そして③支出面での所得の流出入などを通じて可視化されています。つまり生産面では、生産や販売における地域の移出入を示しており、地域外からの所得の獲得度合いなど地域の比較優位が明らかになります。この循環構造を総合的に表しているのが、「地域経済分析システム」（RESAS）であり、統合の指標としての地域経済循環率は、その生産額を所得額で割った値です。この値が高いほど地域経済の自立度を示しており、言い換えると、この値が高ければ他地域から流入する所得に対する依存度が低い、もしくは他地域から流入した支出により生産が膨らんでいることになり、経済の自立度の程度を示唆しています。

2015年時点での地域経済循環の構造分析ですが、京都府の

それは 95.4% でした。東京都が 154.2% と飛び抜けて高く、次いで大阪府の 108.0%、愛知県の 106.8% と続き、三大都市圏を抱える都府県が高いことがわかります。それに対して、岩手県 75.5%、奈良県 76.2%、埼玉県 77.7% と、地方圏および東京、大阪など大都市圏の隣接県は低くなっており、京都府も大阪府に隣接している事情も考えられます。京都府の同年の支出流出入率をみると、民間消費はプラス 11.2% ですが、民間投資はマイナス 31.4%、その他支出がマイナス 18.6% で、地域外への所得の流出が確認されます。

　地域経済循環率の高低が地域の経済成長率とどの程度関連するかは、とても関心がもたれます。直感的には循環率が高いと経済成長率も高いとみなされますが、統計的には都道府県レベルではほとんどこの関連は見られません。そこで京都府内の自治体 14 市（人口 3 万人以上の市）について、この関連を取り上げて分析してみましょう。

　京都府内 14 市の市内総生産（2013～2020 年平均）の伸び率は京田辺市、宇治市、綾部市などが高く、逆に京丹後市、亀岡市、舞鶴市などが低くなっています。また地域の地域経済循環率をみると、福知山市、京都市、舞鶴市などが高く、逆に木津川市、向日市、城陽市などが低い値になっています。両者を結びつけると、都道府県ではほとんど有意な関連が見られませんが、図 2-3 にみるように府内 14 市ではゆるやか

図 2-3　地域経済循環率と市内総生産の関係

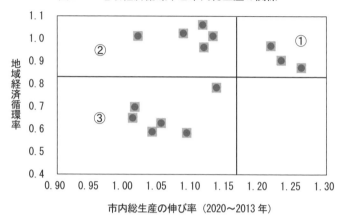

①のグループは地域経済循環率も市内総生産の伸び率も高い関係にある。
　京田辺市、宇治市、綾部市。

②のグループは地域経済循環率が高い値だが、市内総生産の伸び率はそ
　れほどではない。長岡京市、京都市、福知山市、舞鶴市、南丹市。

③のグループは地域経済循環率の値も市内総生産の伸び率も低い。八幡
　市、亀岡市、城陽市、向日市、木津川市、南丹市、京丹後市。

　な相関関係が見出せます（相関係数は 0.41）。なかでも京田
辺、宇治市、綾部市などは市内総生産も地域経済循環率も
その伸び率が高いのに対して、京丹後市、向日市、亀岡市、
城陽市では市内総生産も地域経済循環率も低くなっています。

　もっとも、相関関係が認められても因果関係は成立すると
は限らないのですが、地域経済のあり方を考える上で１つの
議論の俎上にあげられそうです。

　府内の自治体の地域経済循環率から様々に示唆されること
があります。地域経済循環率の高低は、財貨・サービス収支
の大小ほどには地域所得の水準とは関係がないと推察する向
きもあります。経済成長率を示す市内総生産には、その地域
の海外との輸出入を通じた経常収支のみならず、国内の他地
域との移出入を通じた収支が含まれていますが、地域経済循
環率では、自治体における地域の外との取引収支としての域
外への財の出荷・サービスの提供、域外から財の購入・サー
ビスの享受を示している域際収支としてとらえています。し
たがって域際収支割合の低い圏域、すなわち入超の自治体は、
多くの場合、所得水準、工業化水準ともに低く、財政依存度
が高い傾向になっています。域際収支格差の拡大は所得を中
心として地域間の経済格差をもたらしているようです。

　そこで域内の経済循環の流れを拡大する方策として、まず
地域が個性や強みを生かして生産・販売を行い、域外からの
所得を獲得することが大事になります。とりわけ純移輸出額
がプラスとなっている産業では、モノやサービスの購入に関
して、域外への支払い額よりも域外からの受け取り額の方が
多く、域外から所得を獲得できる強みのある産業として位置
付けられます。

　さらに地域の経済循環の動きを左右しているのは、地域の
産業構造になります。2016 年の産業大分類別でみると、

京都府の付加価値ベースでは製造業の割合が 32.0%と首位
であり、以下、卸・小売業、医療・福祉と続きます。製造業
の割合は全国の割合である 23.7%と比べても高いという特
長になります。その内訳として、飲料・たばこ・飼料製造業、
食料品製造業、電子部品・デバイス・電子回路製造業が、京
都経済の優位として浮かび上がってきます。

　そこでさらに産業の優位度を示す特化係数をみてみましょ
う。これは、地域特性を数量的に示す指標で、全国平均の産
業別構成比を基準（＝1）として、次式により計算しています。

　　特化係数＝京都府の産業別構成比／全国平均の産業別
　　　　　　　構成比

　ある産業の特化係数が 1 より大きい場合、当該都道府県に
おいて、その産業が占める割合が他都道府県に比べて大きく、
1 より小さい場合には他都道府県に比べて割合が小さいこと
になります。地域間比較を行う場合、産業別構成比を用いる
と、全国共通的に規模が大きな産業の影響により、地域の特
色がわかりにくくなりますが、特化係数ではこの影響を取り
除いて比較することができます。これにより、他の都道府県
に比べたニーズの高さや事業所の集積度合いなどがわかりま
す。

　これによると、労働生産性（付加価値ベース）では情報通

信機械器具製造業の 4.42、以下、電子部品・デバイス・電子回路製造業 3.84、業務用機械器具製造業 2.89 と続いており、この分野での京都府の優位が浮かんできます。これらに属する個別企業として、既述のように京セラ株式会社、株式会社村田製作所、日本電産株式会社など府内に 6 社が名を連ねています。また、中小企業で老舗と称される小売店・企業が多いことも京都の特徴であり、全国老舗データベースによれば京都府は大阪府の 70 社に次いで、33 社がリストアップされています。

　地域経済循環率では、地域の所得（お金）の流れを生産、分配、支出（消費、投資等）の三面で「見える化」することで、地域経済の全体像と地域からの所得の流出入を把握することが可能になります。とくに、地域経済の衰退原因は、「稼ぐ力」が小さい場合だけでなく、地域からの「所得の漏れ」に影響されることも多いため、所得の循環構造を把握することが重要です。この分析によって、「地域に稼ぐ力があるか？」「地域住民の所得がいくらか？」「地域からどの段階で所得がどの程度漏れているか？」「地域の産業構造は？」「地域からエネルギー代金の流出はどの程度か？」などの地域の経済の特徴（長所・短所）を分析することが可能になります。

　地域経済循環率が高い場合は好循環として評価されるのですが、低い場合はどのように均衡が実現しているのでしょう

か？　そこで地域経済循環率の分配面における「その他所得」[3]をみると、ここでは地方交付税、社会保障、補助金など、一方的に所得が移転する項目から構成されています。低い地域経済循環率は多分に地域外に所得が流出していることと関連しており、これを補っているのは、国などからの地方交付税や補助金など、「その他所得」における地域外からの流入になります。つまり、国などからの財政支出の配分によって均衡をもたらす関係が見受けられるのです。

　京都府内でこの割合が高いのは、京丹後市（流入率86.0%）、木津川市（同55.6%）、亀岡市（同51.7%）などとなります。これらの自治体は、前述の図2-3で示した地域経済循環率も市内総生産も低い自治体になります。

　都道府県別域際収支の格差に着目すると、それは所得格差や工業化格差の反映であり、この格差もやはり財政支出の配分によって均衡をもたらす関係と結びついています。域内の経済循環の流れを太くするためには、やはり地域が個性や強みを生かして生産・販売を行い、域外からの所得を獲得することが重要になります。とりわけ後述するように地域内における取引関係が高まること、さらには純移輸出額がプラスとなるように、モノやサービスの購入に関して、域外への支払い額よりも域外からの受け取り額の方が多く、域外から所得を獲得できる強みのある産業を育成することが望まれます。

● 企業誘致と地場企業の関連

日本の中小企業は、全事業者数の 99.7％、全就業者の約70％を占め、日本経済そして地域経済を支える存在となっていますが、課題が多いことも確かです。小規模事業者を含む中小企業は多種多様で、個人事業主等の小規模事業者から数百人規模の中規模企業まで存在し、製造業から小売・サービス業まであらゆる製品・サービスを提供しています。その中小企業・小規模事業者は減少が続いており、倒産件数の増加、休廃業・解散の増加、さらには経営者の高齢化の進展、後継者の不在などの経営環境の悪化が進んでいます。

これらの動向は中小企業・小規模事業者の生産性の伸び悩みをもたらし、大企業との生産性格差を拡大することになります。そこで、生産性向上の視点から整理してみましょう。

まずは農業部門をみてみます。農産物の販売額を積み上げた農業産出高と、これから経費などを除いた生産農業所得統計を、近畿農政局の資料に基づいて対比すると、京都府は全体として 35.3％になり、近畿圏の 38.5％、さらには全国の38.5％を下回っています。近年、農業の 6 次産業化が強調されていますが、それは 1 次産業としての農林漁業と 2 次産業としての製造業、3 次産業としての小売業等の事業との総合的かつ一体的な推進により、農山漁村の豊かな地域資源を

活用した新たな付加価値を生み出す取り組みです。これにより農山漁村の所得向上や雇用確保を目指すとされていますが、京都の場合はまだまだその取り組みが遅れている事情を反映しているようです。

　一般的に日本では、従業員数の割合に比して付加価値の割合が低いことが指摘されます。生産性向上のためには、付加価値額の増加が必要です。そのポイントとして営業利益、人件費、減価償却費に着目します。営業利益は本業で収益を出せる体質にすることです。具体的には、売れ筋商品の把握などを通じて収益を管理することで、新商品開発やマーケティング、販路開拓などが欠かせません。第2の人件費は、圧縮すればよいものではなく、付加価値を生み出せるような人材を確保すること、また人材育成も大事になります。第3の減価償却費は、新たな需要を取り込むように設備投資や IT 投資を進めることです。概して、低収益企業はマーケティングや販路開拓において課題を抱えているだけでなく、人材育成や設備投資、技術開発においても不十分なことがあり、生産性向上に向けた取り組みが求められています。

　また、商業では、とりわけ今後 10 年の間に 70 歳を超える小規模事業経営者が増える見込みであり、後継者が未定の商店も多いとみられています。これを放置すると、廃業の急増によって雇用、そして地域経済の規模縮小につながるおそれ

があります。

　こうした動向を反映した地域の産業構造は、もともと存立する地場企業のほか、誘致企業によっても大きく左右されます。自治体にとっては、人口減少を食い止めるためにも雇用機会を増やす取り組みになり、総論としても首都圏一極集中の是正に加え、コロナ禍での地方分散の企業立地は一層志向されます。企業誘致は地元経済への様々なプラス効果が期待されます。例えば、地元の運送業者、原材料業者、広告業者への発注、飲食店利用などです。このほかにも、産業集積の度合いとしての地場企業における特殊技能者の存在、関連部品供給企業の存在、輸送コストの優位性などにおいて地域経済にプラス効果をもたらします。

　問題はこれらのプラス効果が地域に及んでいるかどうかですが、ここでは亀岡市の事例をみてみましょう。

　亀岡市と亀岡商工会議所は、2018 年 11 月に「地域循環分析事業」として、亀岡商工会議所管内の事業所（法人および個人）を対象にアンケートを実施しました（有効回答数 256 事業所）。様々なアンケート項目のなかで「事業経営上の問題点について」という質問に対し、地元企業から率直な意見が出されました。最も大きな問題として浮かび上がってきたのは、従業員の確保・人材不足であり、以下、売上高の減少、さらに需要の停滞の順になっています。

　言うまでもありませんが、地域経済は地域内ですべての財・サービスを賄っているわけではなく、域外との取引を通じて成り立っています。マクロ的にはすでに指摘したように、域外から移入する財・サービスと、域外に移出する関係性に注目が集まっており、亀岡市のそれは、2013年の地域経済循環分析（内閣府）における民間投資額やその他支出などで確認できるように、他地域への流出額が大きいという特徴があります。

　京都府亀岡市は京都市に隣接しており、経済活動においても様々に京都市内の企業との相互関係が予想されました。この調査対象では本社が亀岡市外の企業は 22 社であり、そのうち 10 社が京都市、残りは東京都の 1 社を除いて関西圏でした。本社が亀岡市内である場合とそうでない場合に二分すると、本社が亀岡市の場合、外部調達費用と従業員の多くは市内からの割合が高いものの、設備投資になると市外調達の割合が高くなっています。他方、本社が市外の場合、それはいわゆる亀岡市への進出企業であり、かつ誘致企業が想定されますが、際立つのは仕入高や売上高、設備投資について市外の割合が高くなっていることです。

　言い換えれば、売上高については、本社が亀岡市内の場合、地元とそれ以外の販売先の割合に大きな違いはみられませんが、本社が市外の場合、圧倒的に市外への販売割合が高く

表 2-1　本社別販売と調達割合（%）

販売・調達先	亀岡市に本社		亀岡市以外に本社	
	亀岡以外	亀岡市	亀岡以外	亀岡市
売上高	54	45	92	8
仕入高	69	30	94	6
外部調達	3	96	73	27
設備投資	82	17	86	13
従業員	22	78	39	61

出所：亀岡商工会議所「地域循環分析事業」2018 年。

なっています。しかも表 2-1 に示すように、設備投資はもちろん外部調達や仕入高についても、本社が市外の場合、市外からの仕入高の割合が高くなっています。また、従業員については市外、市内の本社とも市内の割合が高いですが、本社が市外の場合、市外からの雇用割合が高い傾向にあります。

　企業誘致は亀岡市にとって雇用効果においてある程度プラス効果があったものの、仕入高、外部調達費用、設備投資に着目すると、これらが市内で調達される度合いは低い実態にあります。つまり、地域における産業集積の度合いが低いために、企業誘致によるプラス効果を十分に上げることができていないことになります。

　もともと亀岡市の産業集積の度合いが劣位であることは否めません。例えば 2016 年の経済センサスによると、亀岡市の事業所数は 3090 ですが、京都市はその 23 倍に相当する

7万637でした。これらは、既述の地域経済循環分析における流出額の大きさのみならず、京都市と比べた産業の比較優位の度合いを示す特化係数の劣位にも結びついています。亀岡市に立地している事業所の仕入高、外部調達費用、設備投資などの調達比率は、多分に域内の産業集積の低さと結びついているといえるでしょう。そうした観点から、企業誘致の促進は重要な課題で、それゆえ部品供給や組み立て的な企業立地ばかりでなく、産業のすそ野が広がる重層的な産業集積が志向されます。地域循環の見方からすれば地域内からの調達比率が高まる企業誘致が望ましいですが、地域経済がそれに応えられる産業構造にあるかどうかも重要です。そうすれば多くの自治体の企業誘致においてプラス効果が大きくなるに違いありません。

● 地方経済とエネルギー消費の関連

　地域経済をみる場合、もう1つの視点はエネルギー消費の度合いです。これが付加価値の流入と流出を左右しますので、地域からの「所得の漏れ」に結びつくことになります。第2次産業としての鉄鋼、化学、窯業・土石等（素材系産業）などはエネルギーを比較的多く消費する産業であり、他方、食料品、繊維、機械、その他の製造業（非素材系産業）はエネルギーの消費が比較的少ない産業になります。多くの自治体

ではエネルギー消費が地域内総生産額の5〜10%に上っており、エネルギー代金の支払いが地域外への資金流出の度合いを左右しています。省エネや再エネ、地域新電力の導入を推進することで、地域外に流出している資金を域内に環流させ、地域内の投資・所得を増やすことができます。

これに関して2020年10月に「カーボンニュートラル」[4]の構想が総理大臣より発表されましたが、これはエネルギー消費とも大いに関連しています。もともと地球温暖化への対応が課題であることに加え、カーボンニュートラルへの挑戦が次の成長の原動力につながるといわれています。世界では、120以上の国と地域が「2050年カーボンニュートラル」という目標を掲げており、京都府そして府内では京都市、与謝野町、宮津市、大山崎町、京丹後市、京田辺市、亀岡市、福知山市が2050年までに二酸化炭素排出実質ゼロを表明しています。

カーボンニュートラルへの挑戦は、エネルギー消費のあり方を見直すことになり、社会経済を大きく変革し、投資を促し、生産性を向上させ、産業構造の大転換と力強い成長を生み出すチャンスととらえられています。これを推進するために、「CO_2排出原単位」と「エネルギー消費量」を低減していきます。つまり、CO_2排出を低減するためにエネルギー消費量を減らす（省エネ）ことや、エネルギー効率の高い製品に

することでエネルギー消費を抑えます。さらに 2021 年 5 月には、温室効果ガス排出量を 2050 年までに実質ゼロにする政府目標を明記した「地球温暖化対策の推進に関する法律の一部を改正する法律」が成立し、これに伴って 2030 年度に 2013 年度比で 46% 削減する目標も決定されました。実現のハードルは高く、政策を総動員することになりますが、自治体の役割も大きくなりそうです。自治体は、地域に眠る再生可能エネルギーを把握し、脱炭素社会に向けた計画を具体化するほか、再生可能エネルギーの促進区域をして優良事業を認定するなどの新たな取り組みを求められています。

　これに関連して京都府では、かねてより新たな時代のエネルギー社会システムを目指し、「再エネで電気を創り、貯めて、賢く使う」というコンセプトのもと、家庭、事業者および地域の各分野で再エネ導入等を推進してきています。固定価格買取制度（以下「FIT 制度」という）の開始により、太陽光発電を中心に急速に再エネ設備の導入が拡大し、府内総電力需要量に対する府内の再エネ設備の発電電力量の割合は、2014 年度の 6.5% から 2019 年度には 9.4% まで増加しました。しかし、近年は FIT 制度の買取価格の低減や適地減少等の影響により、導入量は伸び悩んでいます。また、再エネの電源種別の発電電力量が最も多いのは全体の 5 割弱を占める水力発電で、太陽光発電と合わせると全体の約 9 割に達し

ます。他方、風力発電はほとんど導入が進まず、再エネの安定供給の観点からも電源種の偏りが課題となっています。

京都府は、2021年1月に「京都府再生可能エネルギーの導入等促進プラン（第2期）」を策定し、計画最終年度である2025年度および2030年度の目標数値を設定しました。ここでは、表2-2のように府内の総電力需要量に対する府内の再エネ発電電力量の割合を設定するとともに、再エネの需要増大と省エネによる電力需要の減少の視点から、府内の総電力需要量に占める再エネ電力使用量の割合も新たに設定していますが、これが想定通り達成できるかどうかは微妙といえるでしょう。

なかでも、再生可能エネルギーの導入加速、太陽光発電設備等の一層の導入拡大に加え、周辺環境にも配慮しながら、まだ導入が進んでいない風力発電や、地域資源を活用した

表 2-2　京都府の再生可能エネルギープラン

	2019 年度 （速報値）	2025 年度 （目標値）	2030 年度 （目標値）
府内の総電力需要量に対する府内の 再エネ発電電力量の割合	9.4%	15%	25%
府内の総電力需要量に占める再エネ 電力使用量の割合	19.7%	25%	35%

注：「京都府再生可能エネルギーの導入等促進プラン（第 2 期）」最終案に基づく。

小水力発電や木質バイオマス発電の導入を支援することになっていますが、その実現は容易ではありません。

　個々の自治体にとっては、当面、地域の「エネルギー代金」が「エネルギー代金の流出」となっている場合、地域の企業がどれだけ域外で消費しているかを把握することになります。

　例えば、生産を地域内産業に波及させるために林業・発電等、地域内への波及効果が大きいバイオマス発電所の設置や地域で強みのある産業を強化・育成するなど、強みである環境産業や医療福祉産業の産業集積を促進することが重要になります。また、投資資金の流出を抑え、収益の見込める事業の資金調達のために、市民ファンドの導入や地域密着型金融を促進して地域内への再投資を促す工夫も考えられます。他方、消費の流出を抑えるために、公共交通と組み合わせた中心市街地活性化に取り組むことで、住民が地域外で買い物している消費の流出を抑えること、観光誘客を図ることで地域内消費を増やすこと、地域内の中心市街地での買い物を促進すること、地域内で物品の調達ができるような対策を講じるなど、域内の第3次産業の生産性向上とCO_2排出量の削減に取り組むことが考えられます。

【注】

1) 近畿財務局京都財務事務所の BSI の調査対象の範囲は、京都府に所在する資本金、出資金または基金（以下「資本金」という）1000 万円以上の法人企業、ただし、電気・ガス・水道業および金融・保険業は資本金 1 億円以上を対象としています。標本企業数は 299 社、うち回収企業数 233 社、回収率 77.9% です（2021 年 4〜6 月期調査）。

2) 京都商工会議所の BSI は、京都府内における短期的な景気動向を把握することを調査目的とし、調査対象は、京都府内に本社、本店等を有する企業 527 社（製造業・建設業・不動産業・運輸・倉庫業は資本金 3 億円超、卸売業は 1 億円超、小売業・サービス業は 5000 万円超を大企業とした）です。回答企業数は 401 社（回答率 76.1%）となっています（2021 年 6 月発表）。

3)「その他所得」は、財産所得、企業所得、交付税、社会保障給付、補助金等、雇用者所得以外の所得により構成されます。「その他支出」は、「政府支出」＋「地域内産業の移輸出−移輸入」により構成されます。例えば、移輸入が移輸出を大きく上回り、その差が政府支出額を上回る場合（域外からの財・サービスの購入を通じた所得流出額が政府支出額よりも大きい場合）は、「その他支出」の金額がマイナスとなります。「支出流出入率」とは、地域内に支出された金額に対する地域外から流入・地域外に流出した金額の割合で、プラスの値は地域外からの流入、マイナスの値は地域外への流出を示しています。

4) 環境省のカーボン・オフセット制度の定義では、「市民、企業、NPO/NGO、自治体、政府等の社会の構成員が、自らの責任と定めることが一般に合理的と認められる範囲の温室効果ガスの排出量を認識し、主体的にこれを削減する努力を行うとともに、削減が困難な部分の排出量について、『クレジット』を購入する

こと又は他の場所で排出削減・吸収を実現するプロジェクトや
活動を実施すること等により、その排出量の全部を埋め合わせ
ることをいいます」となっています。

3 どうなる人口減少の影響

● 人口減少による経済への影響

　日本の総人口は 2006 年をピークに減少に転じ、京都府も
これより 2 年早い 2004 年の 264 万 8245 人をピークとして
減少に転じています。少子化は加速しており、2020 年生まれ
の出生数は 84 万人台と、1899 年の統計開始以来、最も少な
くなりました。出生率の改善は進まず、2020 年の合計特殊出
生率は 1.34 と、前年よりも低下しました。京都府も出生数は
1 万 6440 人と過去最少を記録し、合計特殊出生率は前年よ
りも 0.03 ポイント下がって 1.22 と、都道府県別では前年に
続き 44 番目に低いものでした。新型コロナウイルス感染症
の拡大は出生数にも影響しており、結婚件数や妊娠届出数の
減少もあって、2021 年にはさらに出生数の減少が見込まれま
す。

　出生数の減少は婚姻率（人口 1000 人当たり）とも関連し
ているので、京都府の 1970 年代以降の推移をみると、第一
次オイルショック前年の 1972 年の 10.9 からほぼ低下傾向に
あり、2020 年にはついに 4.1 に至りました。婚姻率はとくに
日本の場合、出生数と関連しているだけに、その動向が注目
されます。

　さらに人口減少に拍車をかけているのは、出生数から死亡
数を引いた自然増減数のマイナスです。出生数よりも死亡者

数が上回る動きは 2005 年からあり、2020 年にはそのマイナ
スが 1 万 402 人になりました。この傾向は少子化と高齢化の
進行を反映しており、その動向が憂慮されます。

　京都府全体としての人口は自然減だけでなく、京都府への
他の都府県転入者よりも京都府からの転出者が多くなってい
ることでも注目されます。他の都道府県との転入と転出の動
きは社会動態としてとらえられ、すでに 1985 年からは転出
者数が転入者数を上回るというマイナスが続いており、1995
年には一時逆転したものの、2000 年代からはそのマイナス
幅がやや拡大しています。2020 年には 3947 人の転出超過数
となり、過去最高を記録しています。このような府全体の人
口動向は自ずと府下の各自治体の人口変動を表しています。

　2020 年 10 月には 5 年ごとに実施される国勢調査が行われ
ましたが、結果は、ごく少数の自治体を除いて多くの自治体
で人口減少が示されました。2021 年 6 月の調査速報値では
自治体別の住民数と世帯数だけが公表されましたが、それで
も多くの示唆があります。全国的にも人口減少傾向に歯止め
がかからないなか、京都府も 2010 年の調査から 15 年、20
年と 3 回連続の減少となり、速報値では 257 万 9921 人とな
っています。しかも減少率が 15 年の 0.99％から 20 年には
1.17％と過去最大となりました。府内北中部の 10 市町はす
べて人口が減少しましたが、大阪市や京都市の通勤圏になっ

ている府南部の5市町はわずかに増加しています。最大の人口数である京都市は15年調査ではかろうじてプラスでしたが、20年調査では146万4890人と微減となりました。また、世帯数の増加傾向は続いていますが、1世帯当たりの人数では2市が横ばいになり、多くの自治体では減少し、府全体でも15年の2.22人から2.17人に低下しています。今後の国勢調査の公表データではっきりするものの、この結果はこれまでの各市の住民基本台帳に基づけば、若者の単身世帯と高齢者の単身世帯の増加によると想定されます。

　府内15市の2020年の人口と、2015年の前回調査と対比した人口増減率を図3-1に示します。

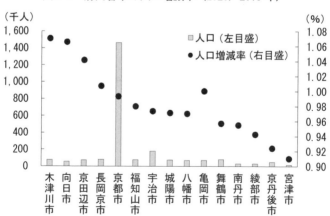

図3-1　府内各市の人口増減率（2020／2015年）

出所：京都府統計書に基づく。令和2年国勢調査人口速報集計。

　人口が増加した自治体についてみると、向日市や長岡京市のように、大阪への交通の便がよくなった事情があって宅地開発が進んだことや、子育て支援としての保育所の設置、保育士への手当充実や奨学金制度の導入などの工夫が功を奏しているようです。

　また、コロナ禍の影響によりテレワークなど仕事の様式が大きく変わってきたことで、自宅での仕事が可能になり、これが地方居住を促す機会になっています。2020年の「住民基本台帳人口移動報告」をみると、受け入れ数最多の東京都の年間転入者数は減少したものの、京都府は他府県からの転入者5万6653人に対して、他府県への転出者は6万600人と転出者数が3947人上回りました。京都府はこれまでも転出者が上回るパターンであり、コロナ禍でもこの傾向に変化はなかったことになります。府内では京都市が最も多く2020人の転出者でしたが、木津川市、京田辺市、大山崎町では転入超過になったことは注目されます。

　人口減少は、毎月公表されている住民基本台帳に基づく統計にてすでに予想されていましたが、国勢調査は実際にその自治体に居住しているかどうかを調べたものであり、住民基本台帳はその自治体への登録を基にするという登録ベースのもので、両調査の結果には違いが生じることになります。例えば、住民登録はそのままに、他の地域に居住している場合

などがあり、住民基本台帳による人口数が国勢調査のそれを上回る自治体が多くなりがちです。逆に京都市のように他の自治体から移動してきた学生などが多いことで、国勢調査による人口数の方が多くなる場合もあります（前回の 2015 年国勢調査で京都市は 147 万 5183 人に対して、同年 10 月の住民基本台帳では 141 万 9439 人と、5 万 5744 人少ない結果でした）。

人口減少が自治体に及ぼす影響に先立って、まずは国レベルでの影響についてみてみましょう。日本の生産年齢人口（15〜64 歳人口）は、すでに 1995 年をピークに減少に転じているほか、総人口も 2006 年をピークに減少に転じていました。このような人口動態における大きな変化が、我が国経済社会に与える影響を考えてみましょう。簡単な関係式で表すと、以下のようになります。

一国の経済成長率＝人口成長率＋1 人当たり実質 GDP
成長率

言い換えれば、人口 1 人当たり実質 GDP 成長率は、全体としての経済成長率から人口増加率を引いたものとして表されるということです。そこで総論的に人口減少の影響を整理してみましょう。これは国レベルの話ですが、やがて地方にも波及することになります。第 1 に経済成長への影響です。

少子化により生産年齢人口が減少し、経済成長に対する労働力投入の寄与がしだいに低下していくと考えられます。また、人口に占める高齢者比率が高まるなかで、国全体としての貯蓄率が低下すれば、資本投入による経済成長への寄与も小さくなっていく可能性があります。高齢化や人口減少は、長期的に経済成長を決定する主要な生産要素である労働、資本の伸びの減少等を通じて、経済成長を鈍化させる要因になりがちです。

第2は公的部門への影響です。人口減少やそれに伴う経済成長の鈍化により税収が減少する懸念があるほか、少子・高齢化の進展に伴い、社会保障制度の支え手である現役世代に対する受給世代の比率が高まることになります。また、現在の給付水準を維持しようとすれば、現役・将来世代の費用負担が大幅に増加することになり、しだいに財政・社会保障制度をめぐる状況の悪化と世代間格差の拡大をもたらすことになります。

それゆえ、社会保障負担を中心とする国民負担率の過度の高まりが、現役世代を中心とする家計や企業の可処分所得を低下させるとともに、労働意欲や設備投資意欲を阻害するなど、経済成長を低下させる懸念が出てきます。これらの事情を考慮して、2021年6月には75歳以上の後期高齢者の医療費について、新たな窓口負担を求める医療制度改革関連法が

成立しました。つまり 75 歳以上の医療費負担を 1 割から
2 割に引き上げるものですが、それでも現役世代の負担は、
政府の試算によれば年 800 円軽減されるだけで、社会保障の
世代間格差が依然として大きいという問題は先送りです。

　国レベルでのこうした懸念は、すでに多くの先進国で現れ
ています。OECD 諸国における人口増加率と経済成長率の関
係をみると、両者は緩やかな正の相関関係がみられます。人
口増加の局面では労働力投入の増加を通じ経済の供給力を拡
大させますが、人口増加率が鈍化ないしマイナスになるなか
では、経済全体としての成長率が低下ないしマイナスになっ
ており、両者に関連があることが認められます。このことは
地方自治体にとってもまず押さえておくべき大きな視点にな
ります。

● 人口減少による自治体への影響

　次に、自治体レベルでの人口減少がどのような影響を及ぼ
すかについて考えてみます。多くの自治体が抱える課題のな
かでも「人口減少」と「少子高齢化」は同じ次元であり、市
区町村では、購買力の減少などを通じてすでに商店街・繁華
街の衰退がみられます。それらは中小企業・小規模事業者の
経営難として、また都道府県レベルになると、内外経済環境
の変化、製造品出荷額の減少なども加わって、課題の広がり

がみられます。それらは自治体財政における自前の住民税や固定資産税の伸び悩みをもたらすことにもなっています。

　人口減少に対する対応として、都道府県レベルでは企業誘致などが強調されますが、市区町村では観光客の誘致、商店街活性化、地域ブランドの発掘・育成などが取り上げられています。

　地方圏では全体傾向として、社会移動によって15-29歳の若者が男女ともに流出しており、大幅な人口の社会減少が起こっています。とりわけ若年女性が流出することにより、15-49歳の女性人口割合が低下し、出生率の低下、そして高齢比率が高まります。このことは、出生数が減少し死亡数が増加するため、人口の自然減少が起こることを意味しています。つまり、地方自治体では社会減少と自然減少の「ダブルの人口減少」が生じており、事態はきわめて深刻といえます。

　私たちの地域社会は、日常生活を送るために必要な小売店や飲食店、娯楽などのサービスが必要であり、それゆえ一定の人口規模があることで成り立っています。生活関連サービスを営むために必要な人口規模を下回ってしまった場合には、地域からサービス産業の撤退が進み、生活に必要な商品やサービスを入手することが困難となり、その地域で生活することが非常に不便になってしまいます。

　もう少し具体的に考えてみましょう。生活を支える役割を

区分すれば医療、買い物、教育、防犯・消防、雇用、ごみ処理、交通などになりますが、2015 年『国土交通白書』によれば、地域社会で必要とされる人口規模について、例えば、ある市町村に一般病院が（何らかの事情で存続することが難しいことがどうしてもありうるので）80%以上の確率で立地するためには、2 万 7500 人以上の人口規模が必要とされています。また、サービス業等の第 3 次産業は地方圏の雇用の6 割以上を占めており、こうしたサービス産業の撤退は地域の雇用機会の減少とともに、さらなる人口減少を招きかねないことにも言及しています。

　もっともデジタル化によって地方圏の生活様式も大きく変化することが見込まれます。例えば、デジタル化は行政や企業の各種手続きの簡素化と効率化を促すので、オンラインによる診療や教育の進行、テレワークの進行などによる居住環境の多様化を促すことにつながります。それらは地方圏の人口減少によるマイナスの影響をある程度、軽減することになることでしょう。

　しかし、人口減少がもたらす最大の懸念は、経済・産業活動などの縮小によって地方自治体の税収減が心配されることです。

　京都府の人口の推移と個人府民税の関連をみてみましょう。図 3-2 では 2011 年からのデータを示していますが、人口数

図3-2　京都府の人口と個人府民税

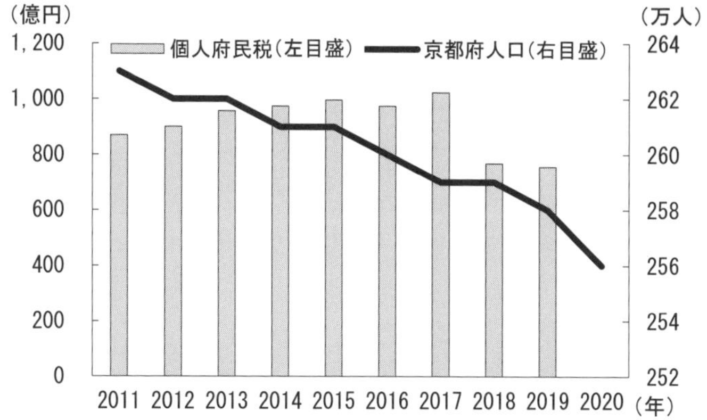

出所：京都府統計書に基づく。

は2010年以降毎年減少しています。個人府民税については、2016年の「豊かな森を育てる府民税」導入による制度変更などによって前年度よりも増加した年もありますが、この10年にわたり、人口減少に伴い緩やかに減少しています。自前の税収である府民税のなかで個人府民税は 27.4%を占めているだけに、その行方に関心が集まります。

　とりわけ地方自治体にとって、人口減少の影響は顕著に表れてくることになります。まずは税収減による行政サービス水準の低下が心配されます。人口減少とそれに伴う経済・産業活動の縮小によって、地方公共団体の税収入は減少します。一方で、そういう地域ほど高齢化が進行するため、社会保障

費が多く必要となります。その結果、地方公共団体はそれまで受けられていた他の行政サービスを廃止、または有料化をせざるを得なくなり、結果として生活のためのコストも上昇し、不便になるのです。

　上にも記したように、人口減少は高齢化を伴っていますので、多くの自治体では社会保障費の負担増に見舞われています。なかでも医療・介護における自治体の役割は大きくなっています。国民医療費は、2019 年度で 43 兆 6000 億円と、この 10 年で 8 兆円ほど増加しましたが、その約 4 割は 75 歳以上の後期高齢者への医療負担であり、健康保険料以外に公費を投入するため自治体の財政負担を大きくしがちです。近畿圏の 1 人当たり後期高齢者医療費（2019 年度）をみると、大阪府、京都府、兵庫県、和歌山県、奈良県において全国平均のそれを上回っています。実際に 75 歳以上の後期高齢者の 1 人当たり医療費は、全国平均の 92 万 6000 円を上回り、京都府では 100 万 8000 円でした。高齢者はさらに増える見通しであり、今後この負担額で済むかどうか、かなり心配されます。これらについては 6 章においてさらに深堀りします。

● 高まる地域の公共交通の役割

　これまで地域公共交通は民間の事業者によって支えられ

てきましたが、児童・生徒や生産年齢人口の減少が進んで通勤・通学者が減ると、民間事業者の採算が悪化してサービスの提供が困難となることが増えてきました。その結果、地方の鉄道や路線バスにおいて、不採算路線からの撤退や運行回数の減少が起き、人々の移動が非常に困難になる場合が増えています。

　とくに高齢化が進むと、移動手段として公共交通を利用する傾向が増えることがわかっています。京都府はすでに、2013 年の調査「京都府における人の動き」において、平日の交通手段は、徒歩割合が減少し、鉄道利用と自動車利用がしだいに増加している実態を明らかにしています。代表的な交通手段の分担率として、徒歩は1980 年の 36.3％から 2010 年の 22.4％へと減少する一方、自動車利用は同年 22.8％から 30.4％へ増加しました[1]。

　一方、同年の「京都市における人の動き」では、観光地としての事情もあって非自動車の利用に重点を置き、地下鉄、市バスの利便性向上などを通じて非自動車の利用分担率を2000 年の 72％から 2010 年は 76％へ、そして目標値 80％を掲げています。

　亀岡市では、地域公共交通は主として民間の事業者によって支えられてきましたが、児童・生徒や生産年齢人口の減少などによって、民間事業者による採算ベースでの輸送サービ

スの提供が困難となり、不採算路線からの撤退や運行回数の減少が進みました。他方では、高齢化の進行に伴い、自家用車を運転できない高齢者等の移動手段として公共交通の重要性が増大しており、地域公共交通の衰退が地域の生活に与える影響は、従前より大きいものになっています。

　京阪京都交通株式会社の統計によると、2010年度の市内運行バスの乗客数は178万9000人をピークに減少し、2015年度は156万3000人でした。1日当たり平均乗客数にすればこの間、5118人から4271人へ減少しています。これを補っているのがふるさとバスやコミュニティバスです。2005年度に試験運行がスタートし、この間乗客数は8万4268人から12万5015人へと増大しています。しかし、運行経費に比べて経常収益は少なく、財政負担が増加していることも事実です。2016年度についてみると、経常費用9306万円に対して経常収益は4102万円に過ぎず、行政側の公費負担額は7645万円に達しています。これには府側の負担も含まれ、市側の負担額は4102万円相当です。

　亀岡市では2018年8月に「コミュニティバス」と「ふるさとバス」について市民アンケートを行いました（1500人を対象に実施、622人回答。回答率41.4％）。これによると、「現状の費用（税金）負担で運行を維持するべき」の回答が64％と過半数以上を占め、公共交通維持のための一定の負担を容

認しているものの、利用者の約 3 分の 2 がダイヤに不満を示しており[2]、利便性を高めるための課題は多いといえます。

● 空き家・店舗、耕作放棄地問題

　若者が流出し人口が減少すると、家屋や店舗、その他の建物や土地が余ってしまいます。手入れや保全がなされず、放置された状態になれば、環境や衛生への影響、さらには地域の治安悪化にも影響します。さらに、自治体にとっては倒壊のおそれがある住宅の撤去などの将来負担増の問題も抱えることになります。

　日本の空き家率はもともと海外諸国よりも高いものでしたが、直近の 2018 年住宅・土地統計調査での空き家率は、13.6%と過去最高になりました。ここでいう空き家率は総住宅数に占める「居住世帯の無い住宅」の割合で、関西では和歌山県の 20.3%が最も高く、以下、三重県、大阪府と続き、京都府は 12.8%と全国平均の 13.6%を下回っています。この「居住世帯の無い住宅」は、1993 年以降ほぼ一貫して増えており、40 年間で約 5 倍となっています。

　市レベルでは、京都市の空き家率が 5.5%、空き家数では4 万 5100 戸と、大阪市の 7 万 5700 戸に次いでいます。また、市内の空き家率は東山区が 20.3%と最も高く、次いで北区が 16.8%、下京区が 16.0%で、空き家数では伏見区が最も

図3-3　京都府の空き家率

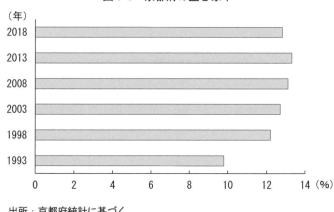

出所：京都府統計に基づく。

多く 1 万 6540 戸、次いで下京区が 1 万 4670 戸、右京区 1 万 3500 戸となっています。

　空き家が増える事情は大都市圏への人口移動を伴う人口減少と関連していますが、他方では世帯数の増加以上に住宅建築が増えていること、新設戸数が住宅の滅失戸数を上回っていること、そもそも欧米諸国と異なって中古住宅の人気がないこと、高齢世帯の増加で自宅から施設利用へ移動する場合や死亡などの事情で空き家が増えていることなどが考えられます。

　京都市でも、空き家問題は新築住宅の建設が増えるなかでの現象であり、質の低い物件が増えてきた事情を背景としています。そのため京都市では空き家対策として、空き家の活

用対策がとられたほか、固定資産税の住宅用地特例を解除するなどの取り組みがなされています。さらに京都市は、市内の別荘や空き家など定住者がいない住宅に課税する、いわゆる「別荘税」を導入する見込みです。首都圏や海外の富裕層が市内の物件を購入していることがマンション価格の高止まりをもたらし、若者の住宅取得を難しくしている事情などを反映した動きです。今後、多くの自治体では、空き家を抑えるために不用になった住宅を除却する仕組みや、京都市のように固定資産税の優遇措置を撤廃することが考えられます。

　空き店舗の衰退傾向も全国的な問題であり、京都市内でも消費者の生活スタイルの変化に伴って中心市街地から人口が流出するドーナツ現象のもと、旧市街地における店舗は顧客の減少に見舞われており、他方では個店の高齢化と過疎化をもたらしています。京都市は空き店舗の解消を目的に、「京都市商店街空き店舗解消促進事業における補助制度」をスタートさせています。

　耕作放棄地は農業そのものの問題でもあります。農家戸数や農業就業人口が年々減少するなか、過疎化や高齢化が進んでいます。耕作放棄地面積も京都府全体で 2900 ha を超えており、これは 1985 年の約 3 倍になっています。

　これを耕作放棄面積率（＝耕作放棄地面積÷（経営耕地面積＋耕作放棄地面積））で表すと 12.3%になり、近畿全体

比率の 11.5%、さらに全国比率の 10.5%を上回り深刻な状況といえます。

　耕作放棄地が抱える問題は、所有者だけの問題に止まらないようです。田畑の土壌が悪化して本来の農地に戻すことが困難になることで、他の周辺作物にも悪影響を及ぼすことになります。このため 2014 年度から「農地バンク」をスタートさせました。それまではできなかったことですが、農家でない人も農地を借りることができる制度として、注目されています。

● 地域コミュニティの変化

　人口減少は、地域コミュニティの機能低下に結びついてきます。町内会や自治会といった住民組織の活動が停滞すれば共助機能が低下しますし、同様に地域住民によって構成される消防団員数の減少は、地域の防災力を低下させる懸念があります。

　また、児童・生徒数の減少が進むと、学級数の減少、クラスの少人数化となり、いずれは学校の統廃合という事態も起こり得ます。若年層の減少は、地域の歴史や伝統文化の継承を困難にし、地域の祭りのような伝統行事が継続できなくなるおそれが出てきています。

　住民の地域活動が縮小されることによって、住民同士の交

流機会が減少し、地域のにぎわいや地域への愛着が失われて
いくことになりかねません。とりわけコロナ禍によって、夏
祭りなどの行事も中止になっています。こうした傾向は、地
域社会にとって様々な不安定要因となっていくのです。

　地域にとって自治会の存在は大きいものですが、全国的に
その加入率は低下しています。総務省の 2018 年の「地縁に
よる団体の認可事務の状況等に関する調査」によれば、京都
府の自治会などの地縁団体数は 3393、うち認可地縁団体数
は 808 となっています。京都市についてみれば、町内会・自
治会の加入世帯率は 2012 年度の 4 万 8100 戸から 2014 年
の 4 万 8800 戸へわずかに増えていますが、加入率でみれば、
2012 年の 69.8％から 2018 年の 67.7％へと低下傾向にあり
ます。

　多くの町内会・自治会では、高齢化により役員のなり手が
いないなど、共通した課題があります。そもそも自治会・町
内会は、住居＝世帯を単位として組織されており、これまで
世帯内の問題は世帯内で処理し、これら地域組織は、地域環
境の整備や交通安全・防犯活動、そして住民総出の地区行事
など世帯を超えた領域の活動を行うという役割分担がありま
した。しかし、単位となる世帯人数が減って、家事や育児、
介護など世帯内での負担が重くのしかかるようになり、その
ためもあって地域の活動に関わることが難しくなってきてい

ます。こうした状況下で、従来通りの町内会・自治会組織運営や活動をしているようでは、組織加入率や行事参加者は減少することになるでしょう。

　消防事情も装備の拡充は進んでいるものの、団員数になると 2015 年以降毎年減少しています。京都府統計によれば、京都府全体の消防団員数は 2015 年の 1 万 7838 人から 2018 年にかけて漸減しました（2019 年は 1 万 7652 人とわずかに増加しています）。合併が収束した 2008 年から 2019 年で比較すると、府内 15 市においては、京都市が増えている以外は 3 市が現状維持、他の 11 市は減少しています（図 3-4）。多くの自治体では、消防団員数の確保に苦慮しているとみら

図 3-4　府内の消防団員数の変化（2020／2008 年）

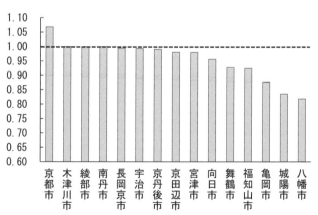

注：京都府統計書に基づく。

れます。

この間、京都府の火災の発生件数は 2016 年以降減少していますが、急病などの搬送が増えており、消防署とともに消防団組織が地域防災力を維持する役割には依然として大きいものがあります。このため府内の自治体の中には現行の退団制を見直す自治体や、新興住宅街に女性分団を発足させた亀岡市など、新たな動きがみられます。また、京都市では「学生消防団活動認証制度」を導入することによって、府内で唯一、消防団員数がやや増加しています。

先にも記しましたが、若年層の減少は、地域の祭りのような伝統行事や伝統文化が継続できなくなることにつながってしまいます。また、単身世帯が増加し、京都市でも全世帯に占める割合が 1993 年の 25.6％から 2010 年には 32.4％になり、そのうち「65 歳以上の単身世帯」が 31.0％を占めています。

住民の地域活動が縮小することによって、住民同士の交流の機会が減少し、地域のにぎわいや地域への愛着が失われてしまいます。人口減少による地方のまち・生活への影響は様々であり、その度合いは人口減少の大きい地方ほど深刻になっています。それは地域の景観の悪化、治安の悪化、家屋倒壊や火災発生といった防災上の問題等と結びついて、地域の魅力低下につながる可能性があります。人口減少による地

域の経済縮小によって引き起こされる問題が、さらに地域の利便性や魅力を低下させてしまい、都市と地方間での「格差」が広がる要因にもなってしまいます。

　各々の地域には他にも様々な団体が住民組織としてあります。例えば体育振興会、自主防災会、社会福祉協議会、民生委員会、PTA、NPO などがありますが、高齢化などでその運営が容易でないことが取り上げられており、団体間の連携強化などが課題とされています。

● 外国人は増加傾向

　日本の人口が減少するなか、コロナ禍前までは外国人の増加傾向が続いてきました。在留外国人数の動向をみると、リーマンショックや東日本大震災の影響で一時的に減少した時期を除き 2019 年まで外国人は増加してきました。しかし、コロナ禍の影響によって 2020 年はわずかに前年より減少しています。京都府も同様の傾向にあり、2020 年 6 月末の在留外国人は 6 万 2510 人で、うち約 74%は京都市に在留しています（図 3-5）。住民数と対比すると、京都市の 2.4%の割合が最も高く、以下宇治市、福知山市と続きます（図 3-6）。在留外国人の国籍別では韓国、中国、ベトナムの 3 カ国で約 75%になりますが、その他の国を含め外国人の多様化がうかがえます。

図3-5　京都府の外国人

注：京都府統計書に基づく。

　在留外国人のなかで労働者は顕著に増加していますが、これも日本における労働力人口の減少に伴うものです。活動資格としての在留資格は5種類に分かれていますが、「資格外活動」とされる留学生のアルバイト、「技能実習」の区分による外国人増加が注目され、外国人雇用を受け入れる事業所数も増えています。もっとも京都府の場合、在留資格別に限ると、「特別永住者」36％、「留学」21％、「永住者」14％の順となり、次いで「技能実習」「技術・人文知識・国際業務」の順になります。なお、目下コロナ禍の影響を受けていますが、外国人留学生は2019年にかけて毎年増加していました。2010年の5600名から1万942名とほぼ倍近くになっています。これは人口10万人当たりでは510人余りになり、

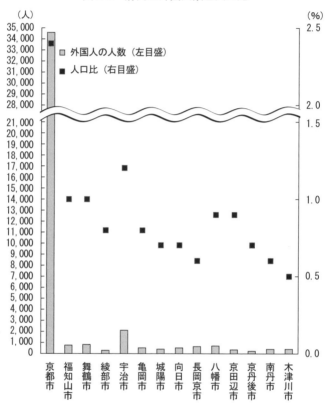

図3-6　府内の外国人数と人口比

注：京都府統計書に基づく。

東京都に次いで2番目でした。

　外国人増加は地域と良好な関係を築くことが決め手になります。言語の壁を乗り越えるための支援を中心とし、生活す

る上での具体的な課題解決や、外国人住民同士の共助を促す取り組みなどが考えられます。具体的には、「各種文書・表示・案内の多言語化」を進め、次いで「日本語の習得支援」、公共サービス窓口への通訳派遣等の「コミュニケーション支援」が欠かせません。やはり、とくに望まれるのは、言葉の壁を乗り越えるための支援に関する施策です。さらに「母国語の習得支援」や「住宅情報の紹介」、「外国人住民による市民会議・懇談会の設置」なども大事になります。今後、日本国内における労働力不足がさらに顕著になるとともに、コロナ禍の収束に伴って外国人はさらに増えることが予想されます。

【注】
1)「京都府における人の動き〜平成22年第5回近畿圏パーソントリップ調査集計結果から〜」2013年5月に基づく。
2) 亀岡市「コミュニティバス」と「ふるさとバス」についての市民アンケート（2018年8月）に基づく。

4　どうなるコロナ収束後の観光戦略

● インバウンドに支えられた京都観光

　訪日外国人旅行者数は 2013 年に 1000 万人に到達し、2018 年には 3000 万人を超えましたが、コロナ禍によって観光事情は激変しました。コロナ禍直前を概観すると、2019 年の京都府内観光入込客数は約 8791 万人となり、前年の入込客数を上回って過去最高を記録しました。これに伴う府内観光消費額は、約 1 兆 3025 億円と前年を下回ったものの、5 年連続で 1 兆円台を維持しました。

　この記録的な観光事情は日帰り旅行を含むものでしたが、多分に外国人の訪日増加によるものでした。インバウンドとは元々「外から中に入り込む」という意味ですが、一般的に外国人の訪日旅行の意味で使われることが多くなっています。京都府における宿泊者数の約 39％は外国人で、この比率の高さは大阪府や東京都を上回り、全国 1 位でした。アメリカの旅行誌『トラベル・アンド・レジャー』の 2019 年の読者投票でも、東京 4 位、京都 5 位と日本の評価は世界でもかなり高いものでした。しかし、2020 年 2 月からは外国人観光客は減少に転じて、国全体で同年は前年よりも 87.1％減少、国内旅行客も 53.1％減少しました。

　訪日外国人旅行者数が増加してきた要因としては、国の成長戦略の柱と位置付けたことに基づいて、ビザ緩和や訪日

外国人旅行者向け消費税免税制度拡充などの政策が功を奏しているようです。宿泊数でも、京都は北海道、関東に次いで5泊以上の訪問者が多い比率になっており、日本国内における消費額は、2012年以降急速に拡大し、2016年には前年比7.8％増の3兆7476億円となりました。これを国籍・地域別にみると、中国が総額の39.4％、次いで台湾14.0％、韓国9.5％、香港7.9％、アメリカ5.7％で、これら上位5カ国で総額の76.5％を占めています。また、消費額を費目別にみると、全体に占める割合では、買い物代が38.1％と最も高い割合でした。さらに、訪日外国人旅行者1人当たり旅行支出を費目別にみると、買い物代が5万9323円と最も多く、次いで宿泊料金（4万2182円）、飲食費（3万1508円）の順となっています。これは後述の京都市の観光消費額の内訳割合と類似しています。

● オーバーツーリズムの悩み

コロナ禍の影響が出るまでは、オーバーツーリズムの問題がむしろ深刻化していました。オーバーツーリズムとは、観光地にキャパシティー以上の旅行者が押し寄せることによって、混雑や騒音、マナー違反などの問題で地域住民の生活や自然環境に悪影響を与える状態です。国内でも京都や鎌倉、沖縄などでこのような現象が起きており、その対策がいよ

いよ注目されていました。諸外国でもイタリアのベネチア、スペインのバルセロナなどでこの問題が取り上げられ、観光客が押し寄せることで混雑や交通渋滞、無断駐車、騒音、ごみの不法投棄、立ち入り禁止区域への侵入、違法民泊、文化財の損傷などが問題視されていたのです。

　オーバーツーリズムの影響を数量的に表すのは難しいですが、ここではベースとして、住民数に比べてどのくらい多くの観光客が押し寄せているかをみてみましょう。外国の事例をみると[1]、イタリアのベネチアでは住民数の88倍、スペインのバルセロナでは20倍の観光客が押し寄せており、住民との対立が表面化したとのことです。日本でも鎌倉市125倍、由布市50倍などで、京都府内では図4-1のようになります。もっとも、観光客の統計は、1人の旅行者が複数の観光地を訪れた場合も観光客（観光入込客）の延べ人数として計上しているので、観光客数の実数ではないのですが、1つのオーバーツーリズムの目安となります。このことを考慮しても天橋立を観光地とする宮津市は、住民数（約1万7000人）に比べ観光客が190倍前後（約320万5200人）と際立って高い比率になります。以下、南丹市、京丹後市、亀岡市、京都市、八幡市、宇治市、舞鶴市が30倍以上になっており、これらの地域では何かしらオーバーツーリズム問題を経験したことでしょう。

図 4-1　観光客数と住民数との対比

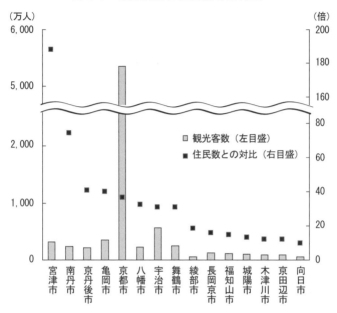

注：データは 2019 年。

　来訪者数の抑制策は確かにオーバーツーリズムへの対
応策の 1 つになります。大きく分けて、①場所・時間・
時期による分散を誘導するもの、②人の流入制限を行う
もの、③行動を制限するもの、④関連施設の開発規制を
行うものがあり、具体的には、物理的な立ち入り制限や、
課金による制限、分散のためのプロモーションや観光商
品開発等が行われます。実際、分散誘導や、一時的な人

の流入制限、施設単位での入場制限といった対策は、すでにいくつかの観光地でも部分的に実施されてきました。

　京都市の観光客は 2019 年が 5352 万人、そのうち外国人観光客は 886 万人と全体の約 16.6% でした。これを 365 日で割ると、1 日当たりの滞在人数は約 14.6 万人となります。結果、観光客による混雑やごみのポイ捨て、民泊増加による騒音、急激な地価高騰が問題視されました。他にも市民のバス利用が思うようにならないとか、様々なマナーの問題も指摘されるなど、市民感情の悪化や地域住民の生活や地域の環境への悪影響が指摘されるようになっていました。

　京都観光総合調査によれば、京都市への観光客は、外国人客が増加する一方、日本人客はやや伸び悩んでいます。外国人観光客は 2014 年頃から急増し、2018 年の観光消費額は 1 兆 3082 億円と、京都市の市内総生産 6 兆 6000 億円のおよそ 2 割に相当するものでした。2019 年になると、前年を 715 億円下回りますが、それでも 4 年連続して 1 兆円を上回るものでした。観光による経済効果は旅行消費としての交通費、宿泊費、飲食費、買い物代、入場料などに及んでおり、なかでも買い物代は観光消費額の 33.7% を占めるなど、地域経済にもたらす効果

図 4-2　観光消費額の内訳（総額 1 兆 2367 億円）

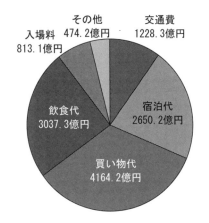

その他
474.2億円

交通費
1228.3億円

入場料
813.1億円

飲食代
3037.3億円

宿泊代
2650.2億円

買い物代
4164.2億円

出所：2019 年「京都観光総合調査」より。

はきわめて大きいといえます（図 4-2）。

　増える観光客に対してホテルの新設ばかりでなく、いわゆる「民泊」の利用がにわかに話題になりました。そこでは市民と観光客の安心安全を確保することなどが課題とされながら、宿泊施設不足への対応や不動産活用の手段としても活用されました。しかし、コロナ禍により多くの宿泊施設が経営困難となり、とりわけ民泊は真っ先に撤退を余儀なくされました。

　とはいえ、コロナ禍が収束するにつれてしだいに観光客の戻りが期待されるところです。京都市の観光振興審議会は 2021 年 3 月、観光客と市民生活の調和による「持続

可能な京都観光」への転換が必要だとして、観光客の分散化や市民が実感できる観光効果の見える化、地域の習慣やルールの観光客への伝達などを強調する最終案をとりまとめました。

● 観光戦略の見直し

　魅力ある観光都市への課題は多くあります。外国人観光案内所の増設、案内所表示の英語化率の向上、京都府などが取り組んでいる「おもてなし認証規格登録事業者」数の増加、免税店数の増加なども引き続き大切な課題です。このほか「癒し」の体験を含むコト消費に向けたサービスや商品の開発は、観光需要の掘り起こしにつながります。

　また、オーバーツーリズムへの対応として、マイクロツーリズムの動きが注目されています。マイクロツーリズムとは、自宅から1時間から2時間圏内の地元または近隣への宿泊観光や日帰り観光を指しますが、国内旅行においては、府内など近隣地域内での観光の割合が増加することが期待されます。京都市の観光客も2019年から2020年にかけて全体の宿泊客数が減少しているなかで、外国人宿泊客数よりも日本人宿泊客数の減少率が小幅になっているのはマイクロツーリズムの動きといえます。2020年になると、宿泊数別構成比では「1泊」の割合がやや増加し、

同行者については「夫婦・パートナー」の割合が増す一方、「友人」の割合が減少しているほか、旅行形態では「個人旅行」の割合が増加する動きとなっています。

　マイクロツーリズムは、商圏内の人口規模が小さい地域と見られがちですが、リピート利用の潜在性が高ければ市場規模が小さいとは限らないようです。つまり繰り返し利用してもらう仕組みを持つことで、持続可能で安定した観光マーケットにつながるとみられています。

　さらにこれまでの観光振興の体制は、しばしば行政と宿泊業等の限られた者を中心に取り組まれ、文化、スポーツ、農林漁業、商工業等の関連事業者や地域住民等の多様な関係者の巻き込みが十分ではなかったとの見方ができます。このため観光庁では DMO（Destination Management Organization）政策を掲げ、観光物件、自然、食、芸術・芸能、風習、風俗など当該地域にある観光資源に精通し、地域と協同して観光地域づくりを行う法人の設立を呼びかけています。

　確かに、自らの地域を訪れる観光客に関する各種データの収集・分析が十分に行われれば、自らの地域がターゲットとすべき顧客層や地域のコンセプトの確立が志向されます。またこれまで、専門的なノウハウを有する人材が概して不足し、効果的なブランディングやプロモーションも

十分でなかったということもあります。多様な関係者を巻き込んだ観光振興の体制を構築し、地域に息づく暮らし、自然、歴史、文化等の地域の幅広い資源を最大限に活用し、旅行者のニーズの多様化に対応する必要があります。そして、これに関わる旅行に関する各種データ等の収集・分析を進め、戦略を策定することが望ましいでしょう。DMOのねらいはまさにそうした観光路線を目指すものです。

　DMOが設立され、安定的な自主財源が確保されれば専門職員の配置が可能になります。それによって戦略的マーケティングが進められるようになり、宿泊数や消費額の増加につながることが期待されます。海外の事例のように、自主財源をもち、民間ノウハウなども活用できるDMOを形成・確立すれば、未来発想の経営で再生・活性化していく観光地域づくりを進めることが可能になります。

　DMOの取り組みは、京都市ではかなり進んでいますが、他の観光地ではまだまだ組織だけは先行しているものの、取り組み内容に実効性が伴っていないようです。具体的には、複数の民間事業者が訪日外国人の属性情報等を共有・活用するための基盤的なシステムを構築し、ルールを策定することが考えられます。このため市内の交通事業者、商工業、飲食店などの関係者が、農林漁業・個別施設の改善・農業体験プログラムの提供・6次産業化による商品開発を

行い、ふるさと名物の開発・免税店許可の取得、二次交通の確保・周遊企画乗車券の設定、「地域の食」の提供などが工夫されます。

　さらに、訪日外国人の観光ニーズが「モノ消費」（＝買い物中心）から「コト消費」（＝体験中心）へ移りつつあることに注目したいと思います。観光消費額の内訳から想像できるように、2019年の訪日客の消費額の内訳は「買物代」が全体の34.7％、「宿泊費」29.4％、「飲食費」21.6％、「交通費」10.4％であり、体験型の「コト消費」にあたる「娯楽等サービス費」はわずか4.0％にとどまっています（観光庁「訪日外国人消費動向調査」による）。すでに中国人などの「爆買い」ブームは過ぎ去り、日本らしさに触れることができる文化体験などが、「コト消費」の代表格として、訪日外国人に根強い人気が出てくるものと思われます。実際に女性を中心に高い人気を誇る「着付け体験」は京都観光の目玉になっており、神社仏閣を舞台にした作法体験や田舎暮らし体験などもさらに増加が見込まれます。

　長期的には、ナイトタイムエコノミーといわれる夜間の観光客をいかに呼び込むかの取り組みも検討に値します。これは「夜間市場」とも呼ばれ、午後8時から午前3時を主な時間帯とした観光客対応になります。公益財団法人日本交通公社の「アジア・欧米豪訪日外国人旅行者の意向

調査（平成 28 年版）」において、各国の訪日外国人に「日本旅行で不満だった点は何ですか？」という質問への回答をみると、アメリカ人をはじめとした訪日外国人が、言語の不通や費用の割高感が大きいことに次いで、ナイトライフの体験が乏しいことに不満を抱いていることがわかります。最近では飲食店の 24 時間営業が短縮されるなどの動きが伝えられていますが、夜間の経済活動をどのように折り込むかといった発想自体がこれからの課題です。訪日外国人に対する観光旅行には、もう少し夜間サービスの展開を工夫することが必要と考えられます。

【注】
1）観光庁「持続可能な観光先進国に向けて」2019 年 6 月。

5　市民活動の理想と現実

● NPO 法人は伸び悩み

　経済活動のベースは営利を追求する企業活動に集約されますが、その対極にあるのが非営利活動で、組織形態としての財団法人や社団法人、社会福祉法人、NPO 法人などです。この他に法人組織ではない様々な市民団体もあり、非営利活動の分野はきわめて広範囲です。しかしこれを統計的に検証しようとすると、統計の制約もあって金額的にその活動ぶりを把握することは簡単ではありません。ここではあくまで市民が主体となり、かつ事業で得た収益も構成員間で配分しないという、NPO（Non Profit Organization）法人＝特定非営利活動に焦点をおいて取り上げてみます。

　NPO 法人は、法的には 1998 年からスタートし、2006 年頃まで法人の設立が急増していましたが、図 5-1 にみるように、今日では設立の伸びがかなり鈍化しており、2021 年 3 月現在、約 5 万 2000 法人が存在します。京都府内の NPO 法人も全国のペースとほぼ同じペースで設立されており、同じく 2021 年 3 月現在、1366 法人が存在します。設立される一方、法人解散も相当な数に上っており、日本全体では 2 万 841 法人、府内でも 223 法人が解散しています。このなかには、法人の取消処分によるものが、国で 4324 法人、府で 22 法人含まれます[1]。

図 5-1 NPO 法人数（全国と京都府）

注：京都府統計書に基づく。

　NPO 法人数を府内各市で比較してみると、京都市が 881 法人と他市を圧倒しており、以下、亀岡市、福知山市と続きます。

　さらにこれを人口 1 万人当たり法人数でみると、府平均では 5.3 法人になり、近畿圏の他府県よりも高い値になります。府内各市の比較では南丹市がトップで、他市よりも住民数に比べて NPO 法人が多い実態が浮かび上がってきます（図 5-2）。

　NPO 法人の活動分野は、法的にも当初の 17 分野から 20 分野に広がり、政治活動や宗教活動の禁止を除けば多くの事業を担うことができるようになっています。全国的にみると、

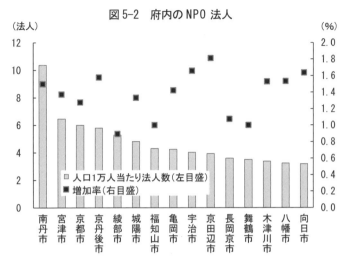

図 5-2　府内の NPO 法人

注：京都府統計書に基づく。

保健・医療・福祉を活動分野とする NPO 法人が約 6 割で、この分野では保健・医療・福祉を活動分野の中心としながら他分野の活動を担っている場合があります。次いで、社会教育の推進を図る活動が多く、以下、まちづくりの推進を図る活動、子どもの健全育成を図る活動、法人の運営や活動に関して助言ないし援助を担ういわゆる中間支援団体と続きます。

　京都府の場合もこれらの分野を担う活動が多いのですが、法人の運営や活動に関して助言ないし援助を担う活動の割合が 2 番目に多いことが特徴となっています。

● 市民団体の実態

　NPO 法人の直接的な役割はもちろん地域貢献ですが、活動に付随するものとして、スタッフの雇用、資材購入などを伴います。そこで内閣府の 2017 年度「特定非営利活動法人に関する実態調査」に基づいて団体の実態をみてみましょう。なおこの調査では、NPO 法人を認定・特例認定法人とそれ以外の普通の NPO 法人に区分して調査しています（以下では普通の NPO 法人を前者、認定・特例認定法人を後者と言い替えます）。

　これによると、まず団体活動を行うのに欠かせないスタッフについて、雇用ゼロの団体が全体で 12.4％あり、6〜10 人の団体は 19.1％と最も高い比率でした。しかしこれには無給スタッフも含まれているので、有給スタッフに限ると、調査対象法人の 32.1％がスタッフゼロであり、法人運営は無給スタッフにかなり支えられていることになります。つまり法人運営の多くはボランティア活動に支えられていることになります。さらにこれが常勤スタッフかどうかになると、ゼロの割合、つまり常勤でないスタッフで運営している割合が 39.9％になります。しかも前者が 44.0％と後者の 26.7％をかなり上回っており、普通の NPO 法人ほどボランティアにより支えられていることを物語っています。この違いは人件費

の格差となって表れます。

上記調査によれば、1人当たりの有給職員の年間の人件費は、前者が平均値 145 万円、後者が 159 万円、常勤の有給職員になると前者が平均値 225 万円、後者が 246 万円と、両者の格差が大きくなっています。これらを同年の厚生労働省の調査「賃金構造基本統計調査」の一般労働者の賃金に比べると、NPO 法人の賃金は、正規職員であっても約 2 割低い結果になっています。

● 市民団体の財政基盤

では NPO 法人の運営は、財政的にどのように支えられているのでしょうか。NPO 法人の財政は、事業規模に直結しており活動の原資になるものですが、主に会費、寄附金、補助金、事業収入になります。普通の NPO 法人の、つまり前者では事業規模の中央値が 684 万円、後者は 2231 万円とかなりの格差があります。次にこの事業規模に見合う資金はどのように確保されているのでしょうか。これに関する統計は内閣府が調査したもので、全国ベースになります。

法人全体としては、収益の 77.0%は「事業収益」として確保されたものです。例えば福祉関連団体における利用料の徴収などで、これが最も大きい割合を占めます。次いで補助金・助成金が 10.9%、寄附金 8.0%、会費 2.8%となっています。

　これが前者だと、「事業収益」(83.8％)がさらに多くを占め、「補助金・助成金」(10.3％)、「会費」(2.3％)と続きます。これに対して後者では、「事業収益」(67.9％)が最も多いことには変わりはありませんが、「寄附金」(15.9％)の割合が高まり、「補助金・助成金」(11.6％)と続くことになります。

　地域貢献を掲げる NPO 法人は市民や企業などからの支援を受けて活動するのが理想ですが、寄附はあまり団体活動に回っていない実情が浮かび上がっています。この調査ではさらに団体への寄附を調査しています。寄附を受け入れる側の団体からみると、前者の法人では、個人からの寄附が全く「無い」団体が 60.1％を占め、寄附があっても受け入れ額 50 万円以下が 9 割を超えています。他方、後者の法人では寄附が「無い」が 4.2％にとどまる一方、受け入れ額「500 万円超」は 19.4％と、前者の 0.8％を大きく上回っています。

　寄附は企業などからも行われるので、法人から団体への寄附をみてみましょう。前者では法人からの寄附が全くない団体は全体の 75.6％、後者は 19.1％とかなり大きな違いがある一方、寄附の合計金額 10 万円以上が、前者では 14.5％に過ぎないものの、後者では 66.0％を占めています。この違いは、後者の NPO 法人には寄附金控除が認められていることが大きいといえます。これは個人の寄附だけでなく、法人でも同様であり、後述の NPO 法人以外への寄附を含むところでも

触れるように、寄附金控除制度の利用が大きく関わっている
ものと思われます。

　望ましいとみられるNPO法人への寄附ですが、内閣府「市
民の社会貢献に関する実態調査（令和元年度）」のアンケート
結果に表れているように、NPO法人に対しては「あまり関心
がない」（46.6%）が最も多く、「少し関心がある」（32.5%）
にとどまっていることが反映しているといえるようです。

● 寄附の全体像

　これまではもっぱらNPO法人への寄附について触れてき
たが、ここからは法人への寄附を含む寄附全体の動きを、ま
ずは日本ファンドレイジング協会の『寄付白書』に基づいて
みてみましょう[2]。直近では2016年における個人の寄附総額
は7756億円で、同年の名目GDPの0.14%となっています。
この寄附額にはふるさと納税が含まれ、また団体などへの会
費の支払いも寄附額とされています。この結果、日本人の
45.4%が金銭による寄附を行ったとされていますが、そのな
かにはふるさと納税者10.2%が含まれています。また寄附額
の平均値は2万7013円、中央値は4000円、上述の会費の
平均値は8910円、中央値は100円でした。個人の寄附額は
災害時には増える傾向にあり、実際に東日本大震災時の2011
年には寄附額は1兆182億円、寄附者率は63.6%とかつて

ないものでした。さらに男女別では女性の寄附者率が 48.7%
と男性の 42.0% を上回り、寄附者 1 人当たり平均金額の年代
別では 40 歳代が最も多く 5 万 4819 円、以下 30 歳代 3 万
6511 円、50 歳代 3 万 1522 円、60 歳代 2 万 216 円、70 歳
代 1 万 7901 円となっています。

　次に、内閣府の「市民の社会貢献に関する実態調査（令和
元年度）」をみてみましょう[3]。2018 年の 1 年間での寄附経
験の有無では、経験ありが 41.3%、経験なしが 58.7% でした。
これは 2015 年の同じ調査の結果（あり 41.2%、なし 58.8%）
とほとんど同じ結果です。また、2018 年の 1 年間に「寄附を
したことがある」と回答した人で、回答者個人の年間寄附額
は、2018 年の 1 年間に「寄附をしたことがない」を「0 円」
としたときの「全体」の中央値は「0 円」、「0 円を除く」中央
値は 3000 円となっています。さらに「寄附をしたことがあ
る」と回答した人で、回答者の世帯全体の年間寄附金額は、
2018 年の 1 年間に「寄附をしたことがない」を「0 円」とし
たとき、「全体」の中央値は「0 円」、「0 円を除く」中央値は
4500 円となっています。

　東日本大震災後、やや増えているとみられている寄附です
が、諸外国と比べると寄附総額も個人寄附も少ないのです。
表 5-1 はやや古いデータですが、内閣府のホームページに掲
載されている日米英 3 カ国の比較です。日本の寄附金額の

表 5-1　日米英 3 カ国の寄附総額の比較（2010 年）

	寄附総額	対 GDP 比
日本	8,804 億円	0.18%
アメリカ	25 兆 5,245 億円	2.01%
イギリス	1 兆 4,914 億円	0.75%

注：内閣府 NPO ホームページに基づく。

見劣りが歴然としています。

● 寄附文化の変容

　ボランティア活動の動機は決して単純ではありません。あえて区分すると、善行の取り組みを顕示したい実名の場合と、必ずしもそうでもない陰徳の行動としての匿名の場合があります。寄附を行う場合も同じです。例えば、恵まれない施設へランドセルの贈り物をしたことがタイガーマスク運動として、また名乗らないで神社仏閣などへ多額の寄附をしたことが報道されたことがありました。これらの「匿名」は、個別・断片的に報道されるだけで統計的に把握されないままでした。そこで著者は、2016 年 4 月の熊本地震に際して京都新聞社が行った救援金募金の報道記事を通じて、分析を試みました[4]。

　この募金は、4 月 18 日から 6 月 30 日にかけて京都府や滋賀県を中心として、企業、宗教団体、自治会、市民団体、

学校などの諸団体、さらに個人から直接募金を受け付けたものでした。つまり個人は諸団体に対する寄附のほかに、直接、寄附した額を顕示できるということです。期間中の紙面には名前、性別、さらに匿名などの属性が掲載されました。結果、この間の個人名での募金件数は 483 件（人）に上り、このうち実名による寄附は 77%と多くの割合を占めましたが、紙面への公開を望まない匿名によるものが意外にも 23%になりました。これをどのように解釈すべきでしょうか？

　震災時など大規模災害時には通常年に比べて募金の窓口や方法も多様になり、それゆえ寄附も通常の年より活発になる傾向があります。新聞社経由の募金は、地方紙ほど寄附者の氏名など属性が掲載されることが多いので、寄附者は実名の掲載を期待していたものと推測されます。それにもかかわらず、匿名による寄附が 2 割台に達していました。

　匿名性については、時代劇のドラマなどのシーンにみるように、古い時代ほど名乗らない善意・善行の振る舞いが人々の共感を得てきました。今日でもお布施など匿名の寄附はかなり行われているようです。それは何となく日本的な美徳として、さらには陰徳を是とする日本の寄附文化といえなくもないですが、今日は実名に基づく社会貢献に確実にシフトしているといえます。ここでは匿名と実名の寄附行為の是非を取り上げるのではありません。どちらも善意の寄附行為とし

て評価されるべきですが、両者の大きな違いは実名による寄附が一定額以上であれば寄附控除が受けられる可能性があることです。つまり、その寄附控除によってさらなる寄附行為が可能になることで、寄附社会の広がりが期待されることに着目したいものです。

さらに、ここでは京都における「サンガスタジアム by KYOCERA」の建設と、大阪の「ヨドコウ桜スタジアム」の修復に関する寄附の動きをみてみましょう。両者ともほぼ同時期に募金活動が行われましたが、その展開には大きな違いが生じています。

京都における事例として、京都府が亀岡市に設置した「サンガスタジアム by KYOCERA」への寄附の動向について取り上げます[5]。このスタジアム建設の募金では、寄附額が5万円以上であれば「ご芳名板」に名前を記載することができるようになっています。施設の建設に当たった京都府は、建設財源として20億円の寄附金を見込んで2018年3月から募金を開始しましたが、目標額に達しないまま、結果として穴埋めのために府債の発行を増やすことになりました。2021年9月現在も募金活動を続けており、なかでもサンガファンからの寄附が期待されるところですが、その後も低調なままです。

一方、「ヨドコウ桜スタジアム」は2017年3月に「桜スタ

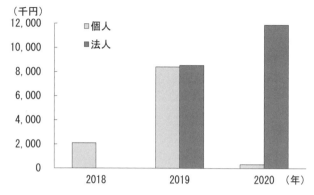

図 5-3　京都サンガスタジアムへの寄附

出所：京都府 HP より。

ジアム建設募金団体」を設立し、66 億円を目標に募金活動を
開始しました [6]。「ご芳名板」などの寄附者に対する特典は、
サンガスタジアムとほぼ同じやり方です。こちらは 2021 年
4 月の募金最終報告として 58 億 7900 万円と発表されまし
た。そのうち法人が 323 社 54 億 6500 万円と、募金総額の
約 93％を占め、個人は 4481 名 4 億 1400 万円でした。この
結果は目標募金額の 9 割近いものとなっています。

　この 2 つの募金活動はスタジアムの建設と修復の支援をね
らったものですが、募金額に大きな違いが出ました。その違
いについて考えてみましょう。まず、募金の主体があげられ
ます。ヨドコウ桜スタジアムの場合は、桜スタジアム建設募
金団体（代表はセレッソ大阪代表理事）を設立して民間団体

の体裁を整えたのに対して、サンガスタジアムの場合は京都府が主体で、行政そのものでした。つまり、ヨドコウ桜スタジアムの場合は民間団体への寄附としてとらえられますが、サンガスタジアムの場合はスタジアム建設に必要な資金の不足額を補うためと、負担感をイメージさせる結果になっていたと思われます。この違いは寄附者の行動に微妙に影響しているといえるでしょう。

さらにスポーツクラブの支援にも違いがあるようです。桜スタジアムはセレッソ大阪、サンガスタジアムは京都サンガ F.C.のホームスタジアムで、J リーグ（日本プロサッカーリーグ）ランクとしては、セレッソ大阪は J1、京都サンガ F.C.は J2 で、それぞれのファンの層の厚さが寄附額を大きく左右しているものと考えられます。

日本の寄附制度は、2011 年に認定 NPO 法人などへの寄附金控除が税額控除へと拡大し、さらに個人住民税も税額控除等が認められるなど、ようやく欧米諸国などに比べても遜色のない制度になってきたといえるでしょう。これら寄附制度の充実は、当然ながら実名による寄附を促すものであり、人々の自発的な行動として寄付は公益のさらなる実現に結びつくことが期待されます。

【注】

1) 3 年以上にわたって事業報告書等を提出していないため特定非営利活動促進法第 43 条第 1 項の規定により設立の認証を取り消した法人 15、業報告書等の提出がないため地方裁判所に対し過料事件通知を行った特定非営利活動法人 35、2010 年 12 月にかけて設立の認証があった日から 6 月を経過してもその登記をしないため、特定非営利活動促進法第 13 条第 3 項に基づき設立の認証を取り消した法人 2 法人が含まれている。

2) 2018 年日本ファンドレイジング協会の『寄付白書』に基づく。

3) 内閣府の調査について。

調査期間：2019 年 11 月 28 日（木）～12 月 31 日（火）（34 日間）

調査方法：郵送調査とオンライン調査の併用

回収率：39.3％（回答数÷発送数×100）、発送数 8000（人）、不達数 65、回答数 3146、有効回答数 3072。

4) 熊本地震の寄附行動については、2016 年 7 月 9 日付け京都新聞朝刊記事として掲載された。

5) サンガスタジアム by KYOCERA は、サッカー、ラグビー、アメリカンフットボールなどの専用球技場。条例上の名称は「京都府立京都スタジアム」である（J リーグでの略称は「サンガ S」）。京都府が主体となって建設し、京都を中心にフィットネスクラブ・スイミングクラブ等のスポーツ施設を運営する株式会社ビバと、J リーグ・京都サンガ F.C. の運営会社である株式会社京都パープルサンガの 2 社が設立した合同会社ビバ＆サンガが指定管理者として運営している。2018 年起工、2020 年 1 月完成。建設費 156 億円。収容人数 2 万 1600 人の府内唯一の専用球技場である。

6) ヨドコウ桜スタジアムは大阪市長居公園にあるフットボール専用球技場で、第 3 期改修工事（2019 年 1 月から 2021 年 3 月）に取り組んだ。工事費 66 億円。施設は大阪市が所有し、セレッソ大阪の関連団体が指定管理者となっている。収容人員 2 万 5000 人。

6　地域公共サービスの不安

● 自前の歳入は減少、歳出は増加傾向

　地方公共団体と呼ばれる都道府県や市区町村はそれぞれ独立した組織体ですが、税については国と密接な関係にあります。なかでも地方交付税のように国が地方自治体に対して一定の行政サービスを保障する観点から、制度化しているものもあります。しかし国も地方自治体も財政難に見舞われるなか、行政サービスのあり方がいよいよ問われています。

　人口規模については、公共サービスの需要者として、また納税者として注目されます。とりわけ自前の財源としての地方税は都道府県では平均して歳入のほぼ 40%、市区町村では 32%を占め、それらは人口数とかなり関連しています。京都府の人口は 2004 年の 264 万 8000 人台をピークに減少に転じており、税収の要である地方税に大きな影響をもたらしています。地方税のなかでもとりわけ個人府民税は、2018 年度以降 800 億円を割り込んでいます。個人府民税は、府の自前の歳入である府民税の 24.6%を占めており、その減少が府の財政に及ぼす影響が大きいことになります。

　このような状況を受けて、国も地方も財源を確保するために借金である国債、地方債の発行が増えています。京都府の 2021 年度予算では歳入額に占める地方債依存度は 13.4%と見込まれ、この比率は全国で上位 9 番目になります。しかも、

地方債のなかでも国が後年度に財政収支の不足額を補てんするとされている臨時財政対策債は、前年度に比べて79％増加した事情が大きいです。さらに税収の減少をカバーしたのが地方交付税や国庫支出金などであり、京都府もこれらの増額によって歳出をカバーしていることになります。

　多くの自治体では自前の資金である地方税の減少が続いています。とくに都道府県の地方税は人口減少の影響だけでなく、景気変動の影響を受けやすい法人事業税に大きく依存していることもあって、近年では地方税は大きく減少しています。2021年度はコロナ禍の影響によって京都府の地方税である府税は前年度に比べて9.3％減少しました。税収の要である地方税のなかでも法人2税といわれている法人住民税と法人事業税の減少が大きく影響しているのです。また税額として大きい個人住民税も、人口減により引き続き減少しています。地方譲与税（国が徴取した特定の税を地方自治体に譲与する税であり、代表的な税として地方揮発油譲与税があります）の減少も同じで、これを加えた額が実質的な地方税ですが、京都府の減少額は大きく、減少率では全国5位になっています。

　一方、京都府内の人口規模をみると、政令指定都市である京都市146万人台をトップに、人口18万7000人台の宇治市を除くと、5〜9万人弱の市が11市、最小は1万6000人

台の宮津市に区分できます。これら府内各市の地方税の割合は 36%台となっています。

　府内各市も法人住民税が減少する一方、地方債の発行、とりわけ臨時財政対策債（地方自治体の財政収支の不足額を補てんするために地方自治体が特例として発行する地方債）は府と同様に増加しています。2021 年度予算をみると、自前の資金である地方税の減少は、南丹市を除く 14 市とも前年度よりも減少が見込まれます。その一方で、高齢化に伴う医療、介護などの社会福祉関連支出は増加しており、それだけ財源の確保に苦慮している自治体は多いと推定できます。結果、歳入の伸び悩みないし減少は、借入金である地方債の発行増大につながりやすいのです。

　歳出をみると、人件費と扶助費、公債費を合わせた義務的経費が多くの割合を占めるのが地方自治体の特徴です。人件費は京都市、福知山市、長岡京市が前年度よりも減少見込みですが他市は微増見込み、そして扶助費はわずかに減少する福知山市、舞鶴市を除いて増加見込み、公債費は城陽市の圧縮が際立っているという状況です。府内 15 市で比較すると、なかでも将来負担比率が宮津市と京都市で悪化しているほか、宮津市は財政の弾力性（ゆとり）を表す経常収支比率も悪化しています。

　このような情勢下にある自治体の財政事情の健全度を、

表 6-1　2020 年度における主要指標の比較

	財政力 指数	経常収支 比率	実質公債費 比率	将来負担 比率	ラスパイ レス指数
政令指定 都市平均	0.87	97.6	10.3	115.7	100.1
京都市	0.81	100.5	15.2	226.2	103.3

出所：総務省統計に基づく。

　政令指定都市間で比較してみましょう。ここでは健全度を判断する指標として総務省の 5 つの指標（財政力指数、経常収支比率、実質公債費比率、将来負担比率、ラスパイレス指数）[1]を政令指定都市の平均値と対比します（表 6-1）。京都市はなかでも将来負担比率の高さが目立っており、政令指定都市のなかでもトップの比率になります。しかも全国地方自治体（1718）中、上位 6 位になります（ただし 2018 年度時点）。

　そこで、さらに府内各市の（地方債＋負担行為）から（調整基金＋減債＋その他）を除いたいわゆる借金総額を計測して、これを住民数で割った 1 人当たり借金額を分析してみましょう。図 6-1 をみると、住民数が極端に少ない宮津市が 1088 万円台と最も大きな借金額になっています。そして、借金総額 1 兆 3549 億円台を抱える京都市が 1 人当たり 921 万円台になっていることに注目してみてみましょう。

　その前に、京都市の職員の給与水準も高いことが表 6-1 の

図6-1 1人当たりの借金額

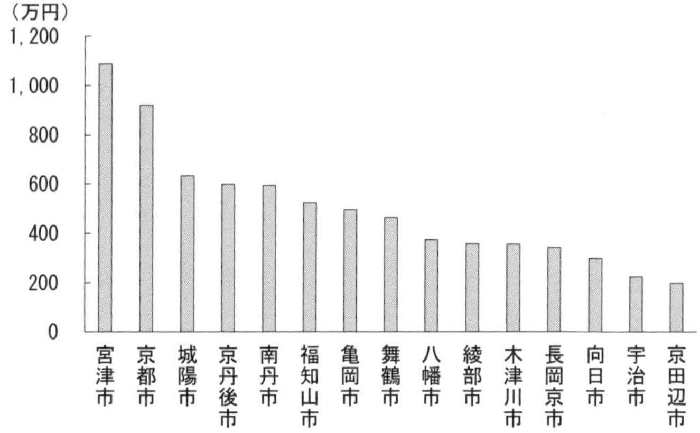

（万円）

出所：総務省統計に基づく。

ラスパイレス指数に表れています。この指数は地方公務員と国家公務員の平均給与額を、国家公務員の職員構成を基準として比較し、国家公務員の給与を100とした場合の地方公務員の給与水準を示した指数です。府内では京都市が最も高く、これが同市の財政悪化要因の1つとされています。

● 京都市財政の苦悩

　もともと府内で予算規模もその変化も際立って大きいのが京都市です。同市の予算規模は7000億円台であり、府内最小規模130億円台の宮津市から600億円台の宇治市に比べてもその規模が突出していることがわかると思います。しか

し、その京都市が財政上の問題が多いのも事実です。普通に
考えても、2010年度以降年間5000万人台の観光客が押し寄
せる京都市が、まさか財政上の課題を抱えているとは想像し
にくいと思います。

　京都市の財政難は同市のホームページでも公開されていま
す。2019年度決算でも明らかにされたことですが、市民1人
当たりの市税収入は他の政令指定都市平均よりも少なく、人
口数で換算すると同規模の自治体に比べて105億円も少ない
とされています。歳入の主な項目である税が伸び悩む背景に
は、大学生などが多く、そもそも納税義務者の割合が少ない
といった事情、さらには住民税に次いで歳入額が大きい固定
資産税も京都市では神社仏閣や大学施設など固定資産税の減
免施設が多いといった事情があります。また、固定資産税は、
木造建物に比べて評価額が高いとされている非木造建物が少
なく、評価額の低い古い木造建物が多いといった事情も指摘
されています。

　歳出をみてみましょう。京都市は、都市経営のあり方を問
うとして、2011年に「はばたけ未来へ」の標語のもと10年
間に及ぶ基本計画を作り、財政健全化を含めた都市づくりを
目指してきました。そこでは予算編成における事業見直しや
人件費の削減などに取り組み、財源捻出額が目標を上回った
時期もありましたが、それはあくまで一時的なものでした。

財源確保を目指してもなお不足することが明らかになり、特別の財源対策として、行政改革推進債の発行および公債償還基金（将来の借金返済のための積立金としての貯金）の取り崩しに着手することになったのです。2020 年度の当初予算も、地方交付税の減少もあって一般財源収入が実施計画策定時の見込みを大きく下回ることになりました。このため、公債償還基金を取り崩す一方、新たに市債を発行するなど、特別の財源対策を計上することになったのです。2020 年度からは、新型コロナウイルス感染症の影響もあって市税収入の大幅な減少や追加の財政需要が見込まれ、財政調整基金残高も危機的ともいえる財政状況となってきました。公開された 2020 年度一般会計決算によれば、実質収支が 2009 年から赤字に転落しており、2020 年度の赤字額は 3 億円でした。しかも市営の地下鉄事業はコロナ禍で大幅な減収となり、2 度目の「経営健全化団体」に転落しました。

　こうしたなかで公債償還基金については、平成初期の大規模な投資事業を行った際に発行した多額の市債の満期一括償還が到来することにより、取り崩し額が増加して同基金の残高は減少に転じました。2004 年度から続いてきた公債償還基金の取り崩し額は 2020 年度には 828 億円と過去最大になりました。これによって残高は 1380 億円と、あるべき残高 2203 億円を大幅に下回る結果になりました。しかし、このように

取り崩しを続けると十数年後には枯渇する懸念が出てきました。また、資金手当てのため特例的に発行している行政改革推進債および調整債は、後年度の償還に地方交付税措置がないため、将来的に大きな財政負担を先送りすることになります。つまり歳入・歳出の両面から、速やかな行財政改革の取り組み実施が迫られているのです。

　長期的な視点からみると、京都市は独自性が強い施策として教育、福祉、子育て支援などを他市より拡充してきました。また、地下鉄東西線の工事費用の借金返済とその後の運営コストなども重なって、京都市の財政収支バランスは悪化してきました。市としては、財政再建に向けた努力を重ねてきたと説明しています。実際に 2018 年には宿泊税が導入され、その税収は 41 億 6300 万円台に上っています。

　しかし、それによっても収支バランスの改善が難しく、市の貯金に当たる財政調整基金の取り崩しを行ってきたため、残高が減少するのは明らかでした。財政調整基金は、もともと市レベルで標準財政規模や災害拠出などの実績を考慮して積み上げてきたものであり、取り崩し自体は問題ないとしても、残高の減少は災害時などいざという時の対応に困難が生じかねません。2018 年度の残高で、政令指定都市中最も少ない堺市に次いでいましたが、いよいよその枯渇が懸念されています。

　次に着手したのが、不足分を補うために公債償還基金を取り崩すことでした。すでに収支不足にあったため、2010年度より毎年度取り崩しており、本来確保しておくべき額を大きく下回っていました。それでも財政難の場合には、既述のように市債発行による補てんもしてきたのです。公債償還基金はもともと返済のために計画的に積み立てているもので、返済期日が来た時に不足しないようにする基金です。つまり計画外の取り崩しは「禁じ手」そのものなのです。これでは2021年度以降、毎年500億円もの財源不足が続く見込みとなり、公債償還基金さえもその枯渇がいよいよ避けられなくなっています。この状況のもと、収支不足を埋めるために市債の発行を増やすなど、財政再生団体へ転落する可能性も飛び交う財政状況となっています。

　要約すれば、京都市の財政上の問題は 2 つになります。1 つは、そもそも公債償還基金は市債の償還のために計画的に積み立てるものであり、計画外での途中での取り崩しは制度上望ましいものではありません。京都市の「行財政改革計画」でも認めているように、もともと市債の発行は、公共投資のため投資的な使途において容認されるものであり、資金不足のために発行されるものではありません。これを行っている京都市の情勢は、コロナ禍で観光関連産業の不振が見込まれるなか、いよいよ財源不足が心配されるところです。

　2つめの問題として、あらためて地方債、そのなかでも臨時財政対策債の残高を確認してみましょう。地方公共団体の財政について、総務省は、健全化判断比率（実質赤字比率、連結実質赤字比率、実質公債費比率、将来負担比率）に着目した指針を発表しています。いずれかが早期健全化基準以上である場合には、「財政健全化計画」を定めるよう行政指導しています。ここで府内各市の事情を確認すると、京都市は経常収支比率や将来負担比率が他市に比べてやや高い値になっていますが、これらの指標では、まだ財政再生団体に転落するような数値になってはいません。

　しかし、臨時財政対策債の残高を抽出してみると、京都市の1人当たり残高は明らかに多額になっています（図6-2）。

図6-2　1人当たり臨時財政対策債現在高（令和元年度末）

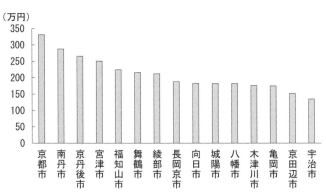

出所：総務省統計に基づく。

確かに市債そのものは減少していますが、臨時財政対策債は2011年から年々増加の一途をたどっており、2020年度には過去最高の4985億円になっています。臨時財政対策債は、本来、国から地方自治体に交付する地方交付税の原資が足りないために不足分の一部を地方自治体が借り入れする地方債であり、建前はその元利償還相当額は後年度に普通交付税で補われることになっています。

　これらに対応する財政再建策として、市民サービスや職員の削減、民間委託への推進、別荘税のような独自課税の導入などの多様な案が打ち出されました。そうしたなかでも敬老乗車証の対象年齢の引上げや保育料の値上げ、市営地下鉄・バス料金の値上げ案が焦点になりそうです。2011年6月の行財政計画では、今後5年間で財源不足額が2800億円に上る試算を発表し、これに伴う財源捻出が提案されました。京都市が遭遇している事例は多かれ少なかれ多くの自治体にとっても示唆されるところが大きいといえるでしょう。

　これに関連して、2021年9月に「別荘・空き家税」が提案されました。国内外の富裕層が投資や別荘目的で不動産物件を求めたことで、市中心部のマンション価格が高騰し、子育て世帯が市外へ転出する要因になったこと、他方で市内全域で空き家が増加している事情もあって、この課税構想が打ち出されました。市の試算によれば年間11億9000万円の税収

が見込まれています。

● 京都市財政が提起する地方財政問題

　京都市の事例は、他の地方自治体の財政のあり方にも問題を投げかけています。それは臨時財政対策債の仕組みについてです。地方債の発行に抑制がかかるなかで臨時財政対策債の残高は依然増加が止まらず、毎年、地方交付税の総額とその財源との間には大きな隔たりがあります。つまり、地方交付税を求める地方自治体の総額と国の交付税会計への繰り入れ額とのギャップが大きく、地方自治体の要請に応える形で不足額を「地方財政対策債」とし、これを国と地方が折半して資金を確保するという「折半ルール」になっているのです。仮に国の税収が潤沢であれば財源不足は地方交付税の増額でなされるはずです。しかし、国も地方も十分な税収がないなか、結局のところ国は地方交付税に必要な財源を確保するために赤字国債を増発し、地方も赤字地方債を発行している姿が浮かび上がってきます。

　ポイントになるのは、あくまで原則として「交付税及び譲与税配付金特別会計」（交付税特会）借入金が地方自治体全体の債務でありながら、個々の地方公共団体にとっては債務として認識されていないことにあります。つまり臨時財政対策債を発行するのは個々の地方公共団体であり、償還義務を

直接負うのも発行体である地方公共団体であるとの認識が欠如しているように思われます。国はからくりとして、地方交付税特別会計借入れに代えて、臨時財政対策債を地方公共団体に発行させる方法をとるかたわら、後年度の地方交付税算定過程で元利償還金の全額が実質的に補てんされるやり方になっているのです。これでは、地方公共団体にとって自らの実質的な債務負担との感覚が乏しくなるばかりです。つまり、臨時財政対策債は、国からみれば地方の債務、地方から見れば国の債務として認識されている側面が強いように思われます。

　これまでの地方財政対策においては、地方交付税特会における財源不足額のうち国負担分は赤字国債の増発によって、地方負担分は臨時財政対策債の発行によって賄われており、これを後年度に発生する既往債の償還費としているのです。したがって、この仕組みでは、臨時財政対策債の償還財源を地方交付税制度のなかで確保できない場合は、償還費を実質的に負担するのは地方自治体になる余地を残しています。結局のところ、地方公共団体が実質的な負担をする事態を避けるには、臨時財政対策債の償還財源を地方交付税制度のなかで確保することが期待されます。

● ふるさと納税の効果

　自治体の歳入が伸び悩み、そして歳出が増加傾向にあるなか、ふるさと納税は様々な話題を投げかけています。ふるさと納税はもともと税収が多く集まっている都市部と少ない地方自治体の財政上の格差を縮小することをねらいとして2008年にスタートした制度ですが、返礼品をめぐる様々な問題を受けて2019年の法改正をもって現行の制度になっています。ふるさと納税により、確かに都市部からそうでない地域への寄附額は増え、税収の格差是正効果が全体として現れているとの見方がされる一方、住民税控除額が多額に上っている都会地の自治体では、逆に税収の減少問題に遭遇しています。なかでも横浜市や名古屋市、大阪市などではこの問題が大きく取り上げられています。

　京都府下のふるさと納税の受け入れ額をみると、直近3年間では亀岡市がトップで、次いで京都市、京丹後市の順になっています（図6-3）。

　京都市は寄附額も多い方ですが、住民税控除額も56%と府下での平均46〜48%台の控除比率をかなり上回っています。つまり、京都市外から京都市へふるさと納税をする方が多いものの、京都市に住所を有する市民が他の自治体へふるさと納税をするケースもかなり多いということになります（実際

図 6-3　ふるさと納税府内ベスト 10（2018〜2020 年 3 年間平均）

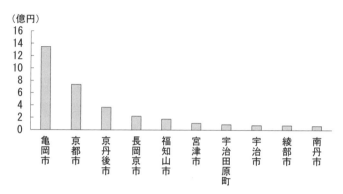

出所：総務省統計に基づく。

には他の自治体へふるさと納税をしても住民税控除の手続き
をしない場合もありえます）。

　また、自治体は住民税控除によって税収が減少しても地方
交付税による補てんが受けられるため、実質的な減少額はそ
の4分の1で済む制度になっており、寄附控除額の減少は多
くの自治体にとってそれほど深刻ではないことになります。
しかし、普通交付税不交付団体の場合は、この寄附控除額に
よる住民税の減少に際しての補てんは認められず、府内では
久御山町が該当しています。

　ふるさと納税は住民税の流出という側面があるものの、寄
附の受け入れを通じて、歳入にプラス効果があります。多く
の場合、地元産品やサービスの購入に対する寄附を通じて資

金が流入しますが、その金額の全額が自治体の歳入になっているわけではありません。返礼品の調達にかかる費用、広報や事務にかかる費用などを除く実質的な受け入れ額は、寄附額の約55％とみられています。問題になっていた返礼品については、2019年の法改正によって返礼率が30％以下に抑えられることになり、返礼品をめぐる過当競争は収束傾向にあります。

　府内自治体のふるさと納税による受け入れ額をみてみましょう。個人住民税で割った比率をみると、亀岡市が33％と他市を圧倒しており、以下京丹後市、宮津市と続いています（図6-4）。これをみると、ふるさと納税による寄附額が自治体の歳入をかなり支えていることになります。しかし、他の歳入

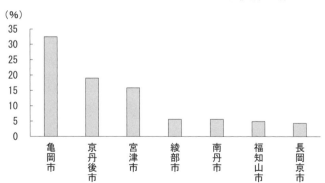

図6-4　個人住民税に占めるふるさと納税額の割合

出所：総務省統計に基づく。

項目に比べて、ふるさと納税は安定した歳入項目とは言い難いものがあります。返礼率が30%以内に限られることもあって、提供する返礼品は絶えず創意工夫しなければ、やがて他の自治体に寄附が流れることになるからです。

このところ府内首位の亀岡市の場合、地元産品として、これまで肉（受け入れ額の約20%）、野菜（同約10%）、米（同約10%）の3品目へのふるさと納税額が大きいのですが、新たに「楽器寄付ふるさと納税」をスタートさせるなどの工夫が行われています。これは使わなくなった休眠楽器を寄附してくれた人に対してその査定税部分を税控除するもので、楽器を必要としている学校に届けられ、寄附者は感謝状や演奏会の招待券などが返礼品として贈られる仕組みです。

多くの自治体では、従来型のモノとともにコト事業の返礼品が工夫される傾向にあります。京都市では、新しい返礼品として「京都市電子感謝券」を発行し、観光客の食事、宿泊、体験などに利用できる仕組みがスタートしています。魅力的なモノ・サービスの提供を通じてふるさと納税を集める工夫が欠かせないことがわかります。

それと、ふるさと納税をめぐっては依然として様々に議論されています。例えば、制度利用者の関心が返礼品に集まっており、返礼品目当ての買い物に等しく、ふるさと支援とは言い難いとの見方もあります。それは本来の公益活動を支援

する寄附理念を後退させることになり、例えばボランティア活動を担う市民団体への寄附が伸び悩む一因にもなっているといえそうです。

● 受益者負担原則の見直し

自治体の歳入からみれば、使用料や手数料の歳入に占める割合は低くなっています。例えば 2020 年度の一般会計の歳入総額に占めるそれは、京都市 2.5％、亀岡市 2.1％、長岡京市 1.2％です。しかし、支払う住民側からすると、その負担する料金には大いに関心をもつところです。他方、行政当局にとっては、概して歳入が伸び悩むなかで使用料や手数料の見直しに矛先を向けやすいのも事実です。手数料と使用料は条例で定められますが、厳密には手数料は「特定の者のためにする事務への対価として」、使用料は「行政財産の使用又は公の施設への対価として」それぞれ徴収されることになっています。例えば、手数料には住民票や各種証明書の発行などがあり、使用料には体育館などの公共施設の利用、下水道の使用などがあります。

ここで問題になるのは、もちろん適正な料金設定になりますが、いわゆる「住民」と、そうでない他の自治体の人の利用負担についてどう関連付けるかになります。つまり、住民登録をしている住民と、登録されていない住民の利用負担の

関係についてです。すでに住民は活発に移動しており、単身赴任や介護などのように人口移動や居住形態の多様化現象が一般的です。そこでは多かれ少なかれ行政サービスを利用することになり、一般的には長期滞在型になるほど行政サービスを多く利用することになります。この場合、滞在地に住民登録を完了すれば、税負担などの公租公課も随伴するので問題は少ないと考えられます。つまり、受益と負担のアンバランスは住民登録をしないまま滞在するよりも少ないことになります。

　しかし、例えば既存の公共施設の建設費用が膨大であっても、新たに住民登録をした住民は通常適用されている利用料金の負担で済んでいる場合があります。この場合、通常利用料金が、運営費用にとどまらず初期投資である建設費用を反映したものなのかどうか、また建設費用が地方債の償還費用を織り込んだものなのかどうかによって、新住民の負担は異なってもよいと考えることもできるでしょう。かつては、例えば宅地開発事業のような住宅地を造成した自治体において、それを購入した新住民に下水道料金の負担増を強いられたケースがありました。しかし、今日では必ずしも新住民に対して既住民のそれよりも高い負担を求める事例は見当たりません。このことは、現行の行政サービスにかかわる負担は、個人であれば住民登録の有無によって決定的に左右される

ことになります。

　これに対して、住民登録を伴わない一時的滞在者のような場合、行政サービスの受益に対する負担は料金格差の設定を通じて実現する方法が考えられます。そこで、行政サービスに関する住民と非住民の料金格差の実態調査をみてみましょう。

　かつて著者が調査したところでは[2]、行政サービスに関して住民と非住民の料金格差を設定している自治体（市区町村）の割合は、調査対象自治体総数の66％余り、他方、全く設定していない自治体の割合は34％弱でした（回答市町村数615、うち該当事項なし208、何らかの該当事項あり407）。これを料金格差の分野別項目数でみると、何らかの料金格差を設定しているのは92項目に達していました。分野別に大きく区分すれば7区分になり、件数が最も多いのはスポーツ施設（全体の47％）で、以下公民館・市民会館などのコミュニティ施設（同25％）、葬祭サービス（同10％）と続きます。これらのなかには住民サービスとしてはやや異色な製茶等の生産物加工処理施設なども含まれています。また、その他の分野の格差には巡回バス、フェリー、ペット、有線テレビ、大吊橋なども入っています。よく知られているケースとしては市立大学などの授業料で市民と市民以外の学生負担の違いなどもあります。

　何らかの料金格差を設定している市区町村数は調査時では407になりましたが、これらの自治体が複数施設の格差設定を実施していることにより、料金格差の総件数は1590件になり、かなり広範囲にわたって実施されていることになります。

　これらの料金格差はどこの自治体にも同程度にあるわけではありません。自治体によっても、また分野によっても設定が異なります。ここでは7分野の区分から行政サービスの事例として公民館・市民会館、スポーツ施設、火葬施設の3つの分野に限って度数分布表に基づいて料金格差を取り上げてみると、3分野のなかでは火葬施設の料金格差が大きいことがわかりました。これらの料金格差分布から、住民負担を無料にしている割合が火葬施設では全体の33%と、スポーツ施設の16%、公民館・市民会館の14%を上回っています。それでも火葬サービスの料金は高額であるという実態があります。これは概して建設費用が高いだけでなく、いわゆる「迷惑施設」という外部不経済も考慮しているからでしょう。

　さて、ここで広域行政についてみてみましょう。広域行政は、既存の自治体の枠を超えて行政サービスを供給するもので、多様化した行政サービスのニーズに対応しうる1つの取り組みになります。そして、広域行政の展開は、受益者負担原則を見直す機会となります。行政サービスの負担に関して

は公平の理念が強調されますが、1 つの自治体における税負担と料金などの受益者負担に比べて、広域行政では両者の適正な負担関係を見出すことが難しいのです。

　しかし、広域行政の進展は、域内の料金格差を解消させる効果をもっています。同一のサービスはもとより、類似のサービス分野の料金においても域内自治体間の調整を図ることができるのです。一般的に域内の自治体間での料金格差のバランスは広域行政が進行するほどに認識されます。前記の住民と非住民の料金格差の調査でも、「広域市町村圏」や事務の広域・共同処理のための「一部事務組合」、「広域連合」などの形態を通じた料金の統一化がすでに 12 地域において成立していました。この種の広域行政の推進は、広域行政の域外との関係では住民と非住民の料金格差が依然として存在するものの、域内では解消に向かうことを示しています。

　住民と非住民の料金格差を解消しようとする場合、広域行政の形態においてばかりでなく、現行の自治体においても取り組むことが可能です。もともと非住民の利用頻度が少ない場合、また徴収コストが大きい場合などは格差を設けていること自体が問われています。さらに、住民移動の活発化・居住の多様化は、主として近隣自治体における行政サービス利用を相互に増大させるので、これを考慮して格差を解消する動きがありえます。これらは料金格差を設定している意義が

薄れていることを示しており、既成の住民負担の概念を修正
させつつあるといえます。

　とはいえ、昼間人口と夜間人口の格差に象徴されるように、
近隣自治体間の移動現象が一方の自治体に偏在する場合には、
料金格差の解消は期待しにくいといえます。その場合、すで
に実施されている東京都や京都市のホテル税などのように、
昼間の流入人口に何らかの負担を求めることが志向されやす
いでしょう。

　中長期的に、受益者負担問題は地方分権の行方とも絡んで
います。いわゆる「地方分権一括法」の実施に伴って機関委
任事務が廃止されたことによって、地方自治体は手数料につ
いては条例などで自由に設定することができることになりま
した。もっとも、機関委任事務を廃止したものの何らかの指
針を示すことが望ましいとの判断から、国が料金の標準を規
定した経緯もあります。

　地方分権は、自己決定・自己責任の原則を基本にサービス
提供やまちづくりを選択していき、健全財政を維持しつつ、
安心・安全な生活を実現することを目指します。したがって、
民間で十分対応できることは民間に委ねるなど、行政と民間
の役割分担を明確に区分するとともに、選択的な行政サービ
スの費用についてはそのサービスの受益者に応分の負担を求
めることになります。そのため負担額等が決定される過程や

根拠を明らかにし、行政と市民が共通認識のもとに議論できるような、オープンなデータの提供は欠かせません。

　地域経済の変化に伴って当初に設定した負担額等が実態にそぐわなくなれば、当然負担額等の見直しが必要となります。そこでの見直しが遅れるほどに、概して引き上げ幅が大きくなり、改定幅の縮小や段階的・小刻みな改定を余儀なくされます。そのことによって所要コストとの均衡が失われるだけでなく、京都市のように市民の不満を助長しがちになります。受益者負担の適正な水準を維持するとともに、適正な行政サービスのあり方が絶えず見直しされることが望ましいのです。

● 人口減少時代のコンセンサスづくり

　京都市のように差し迫った行財政改革を迫られている自治体は少ないかもしれませんが、人口減少により各自治体もじわじわと歳入減少、歳出増加傾向にあります。国立社会保障・人口問題研究所が 2015 年の国勢調査で推計した地域別将来推計人口によれば、京都府は 2015 年を 100 とすると、2025 年には 96.2、2035 年には 89.6、2045 年には 81.9 へと減少することが推計されています。2020 年の国勢調査では約 258 万人と確認されたものの、2045 年にかけて人口が減少する公算が大きいようです。

　自治体は短期・中期の行財政改革に向けて、京都市のよう

に対策を検討するケースもありますが、しかし 10 年から
20 年先を見据えた対策は少ないといえます。多くの自治体が
策定している「総合計画」も、4〜5 年の期間が多くなってい
ます。首長任期との兼ね合いもあって中・長期の策定が難し
い事情もあるにせよ、それ以上に中・長期の策定は住民のコ
ンセンサスを得ることがとりわけ難しいといった事情があり
そうです。確かに地域を取り巻く内外の情勢を展望すれば、
住民に中・長期の明るい展望を示すことは難しいことです。
また、住民も追加的負担を心配し、行政サービスの拡充を求
めることを躊躇しがちです。しかし、現実は長期展望の視野
を抜きにして語れないほどに、自治体は「待ったなし」の状
況にあるといえます。

　住民は、首長や議員の選挙において、また様々な住民参加
型の審議会や委員会、さらにはパブリックコメントなどを通
じて、行政サービスを自らが選択することに結びつけること
ができます。しかし、既存のサービスの見直しをめぐっては、
様々な意見があって収束しないまま、議論が拡散してしまう
こともあります。税収が増える状況であれば新たなサービス
を追加することも可能ですが、税収減少の局面では既存サー
ビスの抜本的な取捨選択が迫られることもあって、住民のコ
ンセンサスづくりは容易ではありません。人口減少時代にあ
っては、道路、水道、学校、図書館、公民館などのインフラ

を維持することも困難となり、行政サービスの質・量とも見直しをせざるを得ないこともしばしばです。しかし、抜本的な見直しになるほどに、住民のコンセンサスづくりは難しくなります。

そこで大いに参考になるのは「フューチャー・デザイン」によるコンセンサスづくりです。ここでは住民を「現世代」と、「仮想将来世代」に区分してものごとを考えているのが特長です。実際、そこでは将来世代のために現世代が譲歩あるいは負担をするという意思決定をすることはきわめて困難です。そもそも将来世代のことを考慮して行政サービスを決定するということ自体、まだまだ浸透しているとはといえないでしょう。

そこで、将来世代の利益や視点を代弁してビジョンの設計や意思決定に臨む住民グループを「仮想将来世代」としてつくり、「現世代」のグループと交渉して合意形成を目指すことが考えられます。これが、将来世代にも資するビジョン形成をし、意思決定をしていくというフューチャー・デザインの基本的考え方になります。

詳しくは、西條辰義編著『フューチャー・デザイン―七世代先を見据えた社会』が参考になります[3]。将来世代は現世代とは違う政策や施策の優先順位化を行う可能性があるので、現世代と将来世代との間には求めるべき政策や事業について

図 6-5　現世代と将来世代の対話と交渉

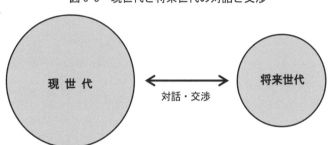

現 世 代		将来世代
対話・交渉		

・現状の価値観が基準になる　　　　・将来の利益を考える

・現状の課題から議論がスタートする　・独創的な発想になる

・現状の制約の範囲から議論を展開　・将来世代の代弁者になる

・現在充足されていないニーズを求める　・実現可能性があまり問われない

注：『フューチャー・デザイン—七世代先を見据えた社会』に基づいて作成。

認識の違いや利害対立がありえます。そのような将来世代の視点や利益を代弁し意思決定に臨む役割を与えた仮想将来世代と、現世代とが交渉を行うことにより、将来世代の視点も取り込んだ意思決定を行うことが大事になります。これを簡便的に図示したのが図 6-5 です。

　住民参加型の手法は様々ですが、ほとんどの場合、現在不足しているニーズや課題に目を向けて、それらを解決した先に未来ビジョンを構想するといった傾向になりがちです。しかしこれでは将来世代が求めるビジョンとかけ離れている可能性があります。そもそも現世代と将来世代との間には、

求めるべき政策や事業について認識の違いや利害対立があるといえるでしょう。

　実際にフューチャー・デザインの考え方を取り入れて検討した事例として、岩手県矢巾町を取り上げます。そこではフューチャー・デザインの方法論を用いて 2060 年矢巾ビジョンづくりが行われました。ビジョンづくりの討議に参加する住民は、現世代グループと仮想将来世代グループとに分かれて議論し、仮想将来世代グループは明確に将来世代の代弁者という役割を与えられます。フューチャー・デザインでは、それぞれのグループが交渉して、世代間の利害の対立を乗り越え、合意形成案を目指したといいます。

　仮想将来世代は、自己利益に基づいた意思決定ではなく、近視性を克服した判断・意思決定が求められます。この場合、すでに複数の方法で検証をし、その効果を確かめることになります。つまり被験者の参加による経済実験や、住民参加による討議実践、あるいは様々なアンケート調査などの分析を行っておくことが重要になります。

　結果として、仮想将来世代グループは現世代グループとは大きく異なったアイデアや施策の優先順位を提示する傾向があり、アイデア自体も非常に独創的です。他方、現世代グループによるビジョンの議論は、目の前に見えている課題や、現在満たされないニーズからスタートする傾向があります。

両者の対話と協議が重ねられてこそ、やがて望ましいデザインがまとめられるのです。

　『フューチャー・デザイン』の副題「七世代先を見据えた社会」は、編著者によると、アメリカの先住イロコイ族から発想を得たものだそうです。イロコイ族は重要な意思決定の際、七世代後の人々になりきって考えるそうです。私たちとこの民族とはもともと個人の考え方や文化の面で違いがあると思いますが、多くの場合、自分に続く血統として濃厚にイメージできるのは、自分の孫の孫（四世代先）まででしょう。「七世代先を見据える」とは、血縁から離れた未来の人々を考慮して意思決定することを意味しており、それをするのがここでいう将来世代なのです。フューチャー・デザインの考え方は、この人口減少時代を乗り切るために、既存のしがらみにとらわれている現世代の考え方を見直してみる必要性を強調しているといえます。

【注】

1) 各指標の意味は、総務省によれば以下の通り。

　財政力指数：　地方公共団体の財政力を示す指数で、基準財政収入額を基準財政需要額で除して得た数値の過去3年間の平均値。財政力指数が高いほど、普通交付税算定上の留保財源が大きいことになり、財源に余裕がある。ただし、特別区の財政力指数については、特別区財政調整交付金の算定に要した基準財政需要

額と基準財政収入額によって算出したものである。

経常収支比率：　地方公共団体の財政構造の弾力性を判断するための指標で、人件費、扶助費、公債費のように毎年度経常的に支出される経費（経常的経費）に充当された一般財源の額が、地方税、普通交付税を中心とする毎年度経常的に収入される一般財源（経常一般財源）、減収補てん債特例分および臨時財政対策債の合計額に占める割合。この指標は経常的経費に経常一般財源収入がどの程度充当されているかを見るものであり、比率が高いほど財政構造の硬直化が進んでいることを表す。

実質公債費比率：　当該地方公共団体の一般会計等が負担する元利償還金および準元利償還金の標準財政規模を基本とした額に対する比率。借入金（地方債）の返済額およびこれに準じる額の大きさを指標化し、資金繰りの程度を示す指標ともいえる。

将来負担比率：　地方公社や損失補償を行っている出資法人等にかかるものも含め、当該地方公共団体の一般会計等が将来負担すべき実質的な負債の標準財政規模を基本とした額に対する比率。地方公共団体の一般会計等の借入金（地方債）や、将来支払っていく可能性のある負担等の現時点での残高を指標化し、将来財政を圧迫する可能性の度合いを示す指標ともいえる。

ラスパイレス指数：　加重指数の一種で、重要度を基準時点（または場）に求めるラスパイレス式計算方法による指数。ここでは、地方公務員の給与水準を表すものとして一般に用いられている、国家公務員行政職（一）職員の俸給を基準とする地方公務員一般行政職職員の給与の水準を表す。

2)　拙著『ローカル・ガバナンスの実証分析』八千代出版、2009年に基づく。2001年2月インターネットによる照会数2073市町村。うち回答市町村数615（回答率29.7％）。

3) 西條辰義編著『フューチャー・デザイン——七世代先を見据えた社会』勁草書房、2015 年。

7 自治体の幸福度を考えてみよう

● GDPと幸福度の関連

　経済活動を活発にすることは、人々に幸せをもたらす大きな要因に違いありません。それを人々の幸福や豊かさを測る物差しとして結びつける場合には、経済指標だけでは十分とはいえません。例えば、代表的な経済指標であるGDP（国内総生産）もその限界が指摘されています。「幸福のパラドックス」とも呼ばれる「イースタリン・パラドックス」は、アメリカの経済学者であるリチャード・イースタリンが1970年代に提唱したものです。この理論は、GDP（所得）の伸びと幸福度（満足度）は一定の所得水準までは正の相関関係がみられるものの、それを超えると相関関係が薄れてしまうというものです。

　日本においても、2012年度まで内閣府が「国民生活選好度調査」を行っています。この調査で生活満足度と1人当たり実質GDPの経年推移を比べると（図7-1）、1984年頃まではほぼ両者は相関してきたものの、1980年代後半以降、1人当たり実質GDPの伸びに対して生活満足度は比例せず、両者の乖離が広がっていることがわかります。

　近年は日本のGDPも伸び悩んでいますが、IMF（国際通貨基金）によると、日本の1人当たりGDP（2021年）は、194カ国中23位です。しかし、国連が同時期に発表した世界

図 7-1　1 人当たり実質 GDP と生活満足度の関連

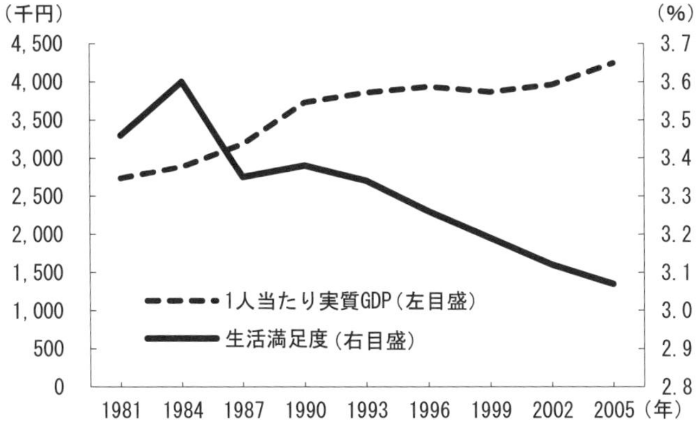

出所：内閣府 HP より。

幸福度ランキングですと、日本は前年より 4 つランクを上げ
たものの 149 カ国中 56 位となり、GDP 順位よりランクがか
なり下がります。つまり、日本は GDP（所得）の水準に比べ
て幸福度が明らかに低いことになります。ちなみにこの幸福
度ランキングではフィンランドが 4 年連続で 1 位です。この
調査はアメリカの調査会社ギャラップが全世界に対して行う
世論調査をもとにしたもので、単年の結果がそのまま反映さ
れるのではなく、過去 3 年間の平均値をとったものです。今
回は 2018 年から 2020 年の結果をまとめて 2021 年版として
発表しています。

　世界幸福度ランキングは、主に次の 6 つの項目のアンケー

ト調査を中心に選出されています。また、幸福度を測る項目として議論が多い調査項目には、人口当たりGDP、社会的支援（ソーシャルサポート、困ったときに頼ることができる人がいるか）、健康寿命、人生の選択の自由度、寛容さ（過去1カ月の間にチャリティーなど寄付をしたかなど）、腐敗の認識（不満、悲しみ、怒りの少なさ、社会・政府の腐敗が蔓延していないか）が入っており、そこに特性があるといえます。この調査では幸福度の上位5位までにデンマーク、スイス、アイスランド、オランダが入っており、これらの諸国はGDPランクがいずれも10位内に入っています。

　日本のGDPと幸福度の乖離は、国においてばかりでなく、自治体にとっても幸福とは何かを問う機会になります。つまり、自治体においてもその乖離が懸念されるのです。

　また、幸福度に関連して、最近は「ウェルビーイング」（well-being）を掲げて様々に取り組みが行われています。ウェルビーイングとは、身体的、精神的、社会的にも良好な状態にあることで、幸福の概念と類似しています。個人にとっても企業にとっても、さらに社会にとっても良好な状態であることを表す言葉として用いられていて、ビジネス界においてはライフワーク・バランスの向上と結び付ける取り組みが注目されています。

　幸福度に関する指標をいくつか取り上げてきましたが、

その多くは個人にとっての幸福感を示す「主観的幸福度」になります。確かに幸福感は精神面や価値観に負うところが大きいものです。それを定量的に表すために個人アンケートなどが行われますが、実施には適切なアンケートを作成することやコスト面で困難が伴います。そこで「主観的幸福度」だけでなく、社会指標としての「客観的指標」を取り入れることが考えられます。個人の幸福に影響を及ぼす要因として、健康福祉や生活環境などがかかわってきます。個人よりも地域社会の幸福度を高めようとすれば、それに対する視点が重視されるので、これを社会指標として取り込む意義は大きいと考えられます。しかし、それに相応しい統計としてどのような統計を採用するかなどは難しい選択です。

　社会指標の定義は確立していません。1974 年に公表された日本政府による最初の社会指標の報告書である国民生活審議会調査部会編『社会指標─よりよい暮らしへの物さし』において、社会指標（Social Indicators）とは、「国民の福祉の状態を非貨幣的な指標を中心として、体系的、総合的に測定しようとするもの」（上記報告書の「まえがき」）と定義し、さらに「社会指標とは何か」についても「社会指標の定義、内容、体系については必ずしも一定したものはない」としています。つまり、作成時にどのような基準を立てるかによって社会指標は異なっているのが通常ですが、その作成の意義は

大きいといえます。

　社会指標は、これまでも上述のように日本政府、そして OECD などでも様々に検討されてきました。近年ではいくつかの地方自治体でも取り上げられてきています。京都府では、「だれもがしあわせを実感できる希望の京都」づくりに取り組むため、2011 年に府政運営の指針「明日の京都」を策定しました。この京都指標は、直接幸福度の把握を目指すものではないものの、「幸福感」を探るには相応しいと考えます。

● 社会指標の試み

　生活水準あるいは暮らしやすさの地域間比較は、定型的な測定方法が存在しないので難しい面がありますが、ここでは京都府内の 15 市について社会指標の作成を試みてみましょう。これはそれぞれの地域の豊かさや幸福感、さらには SDGs を測る足がかりになると考えられます。まず、社会指標を軸として幸福感や SDGs を分析する意義は大きいと考えます。

　様々なデータや統計が存在するなかで実際に社会指標の定量化に相応しいものは限られます。前述の通り、幸福度は主観的な判断要素が大きくかかわっており、しかも定型的な測定方法が確立していません。そうした制約があるなかでの指標づくりは、とりわけ各自治体の限られた統計しかない状況では難しい面があります。しかし、ある自治体の指標を他の

『京都発　地域経済の再考』正誤表

以下訂正してお詫びいたします。

42 頁の図 3-1　亀岡市の人口増減率

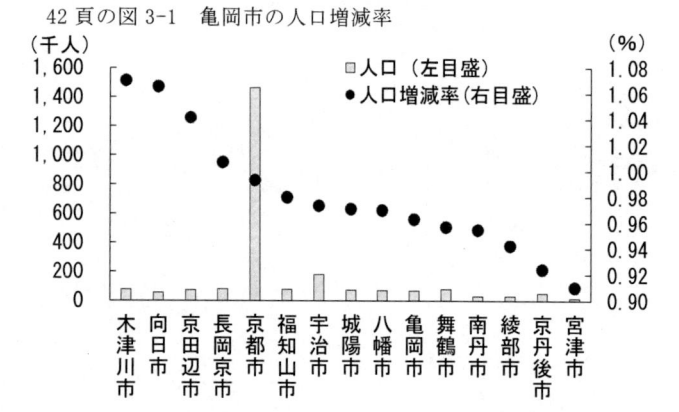

141 頁の注 1）の表における、八幡市、京田辺市、京丹後市、南丹市、木津川市の合計点

平均	八幡市	京田辺市	京丹後市	南丹市	木津川市
賑わい	49.2	50.6	49.5	50.3	53.6
安全安心	49.8	47.8	62.4	58.1	48.1
生活基盤	49.9	50.0	44.1	48.4	50.0
健康福祉	39.3	44.8	44.7	47.0	42.2
社会教育	46.5	51.9	56.8	57.5	50.0
合計点	234.8	245.2	257.6	261.4	243.9

自治体と比較することで、その評価が浮かび上がってきますので、その相対化はとても大事です。

　ここではアンケートを要するような主観的な要素を除いて、客観的な指標づくりを目指すことにします。主観的な幸福度は道路などの社会インフラや福祉面での取り組みによって変化することから、社会指標は幸福度の基盤となっているとの見方ができます。そこで幸福度の基盤としての社会指標を定量化し、これを京都府内の 15 市につき、以下の手順で作成します。

　府内 15 市の相対化の社会指標として、以下の 5 つの分野（賑わい、安全・安心、生活基盤、健康福祉、社会教育）を設定し、その 5 つの分野ごとに 15 市に共通した統計を選択することにします。したがって、個々の自治体にとって他に望ましい指標があっても選択されない場合も出てきます。また、分野ごとに採択指標数に違いが出てくることも考えられますが、ここでは 1 つの分野につきそれぞれ 5 つの統計を採択して、以下のような 25 のデータを指標化することにしました。これを 5 つの分野別に統合化することで、15 市間の相対比較が可能になります。原データのままでは統合化にバイアスがかかりますので、人口規模で調整し、その上で偏差値化します。次に、その詳細について述べます。

　以下の 5 つの分野について、府内 15 市の比較可能な共通

の統計を収集しました。

① 賑わい：他市区町村からの流入者数、観光入込客数、大型小売店数、事業所数、衛星放送契約数

② 安全・安心：消防団員数、火災発生件数、交通事故発生件数、三世代同居率、窃盗犯検挙件数

③ 生活基盤：1人当たり都市公園面積、下水道普及率、リサイクル率、民生委員・児童委員数、上水道普及率

④ 健康福祉：病院病床数、歯科診療所数、10万人当たり産婦人科医数、生活保護受給世帯比率、介護老人福祉施設数

⑤ 社会教育：1人当たり教育費、図書館数、図書館貸出冊数、博物館数、保育所数

上記統計に基づいて、次のような計算をしました。

ⓐ 原統計を各市の人口規模で調整しましたが、ごみのリサイクル率、1人当たり都市公園面積、上水道普及率、三世代同居率、火災発生率については人口調整をしていません。なお、火災発生件数、窃盗犯検挙数については逆算値に転換しました。

ⓑ ⓐの計算結果を偏差値計算することで指標化しました。

ⓒ ⓑの計算結果に基づいて各分野別に合計値の平均値を算出しました（ただしウエイト付けはしていません）[1]。

● 社会指標の分析結果

　それぞれ分野別のトップをみると、①賑わいでは宮津市、②安全・安心では京丹後市、③生活基盤では宮津市、④健康福祉では長岡京市、⑤社会教育では福知山市となっています。①賑わいがトップの宮津市は天橋立を抱えており、観光とそして人口数に対する事業所数など、どの指標も高い値でした。②安全・安心がトップの京丹後市は、窃盗犯事件が少なく、消防団員数、交通事故発生件数なども高い偏差値となっています。③生活基盤トップの宮津市は、1人当たり公園面積の値が高いことが大きく影響しています。④健康福祉トップの長岡京市は、介護老人福祉施設の値が低かったものの、病院病床数の値が高いことでトップにつながりました。⑤社会教育トップの福知山市では1人当たり教育費は低かったものの、保育所数の値が高いなどの特徴がみられました。このような結果のなか、京都市は①賑わいが高く、②安全・安心では低い数値となっています。

　次に、全体として各分野を変動係数（分野別指標間のばらつき）で比較すると、②安全・安心、次いで⑤社会教育が他の分野に比べてデータのばらつきが大きいのに対して、③生活基盤や④健康福祉の分野ではばらつきが小さくなっています。見方を変えれば、どの市も街づくりは総じて平準化して

おり、地域間の格差はしだいに②安全・安心や⑤社会教育の整備度合いにシフトしていることがうかがえます。

　次に各市別に分野別特徴をみてみましょう。他の市に比べて相対的に優位にある分野（偏差値 50 以上の市）をリストアップしてみます。これは街づくりの強みを示唆しています。

①　賑わい：宮津市、京都市、木津川市、城陽市、京田辺市、南丹市

②　安全・安心：京丹後市、南丹市、綾部市、舞鶴市、亀岡市、宮津市

③　生活基盤：宮津市、福知山市、舞鶴市、京田辺市、木津川市

④　健康福祉：長岡京市

⑤　社会教育：福知山市、南丹市、宮津市、京丹後市、京田辺市

　ここで 5 つの分野が総じて平準化しているのが宇治市、長岡京市で、他方、京丹後市や宮津市は 5 つの分野のばらつきがやや大きいという結果になりました（図 7-2）。つまり分野別指標間のばらつき（変動係数）を高い順に並べると、京丹後市、宮津市、京都市の順になり、逆に低い順に並べると宇治市、長岡京市、舞鶴市となります。結果として、5 つの指標を平均すると、宮津市がトップになり、以下、南丹市、福知山市、京丹後市と続くことになります。他方、宇治市、

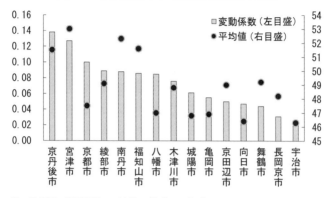

図 7-2　社会指標の平均値と変動係数の関連

注：5 分野（25 種類）の統計に基づいて作成。

向日市、八幡市などが低いという結果になります。注目すべきは、ここでの 5 つの指標の平均値（合計点）が高いことよりも、各指標間のばらつきが小さい方が街づくりの観点からは望ましいとの見方もできます。すなわち、ある特定の分野がとりわけ整備されていても、別の分野の整備が遅れていることが街づくりの視点から、そして住民の幸福にとっても必ずしも望ましくないことが考えられます。

　さらに、この社会指標を所得水準の代理変数とみなされる「1 人当たり課税所得額」と対比してみてみましょう。図 7-3 にみるように、両者には逆相関の関係が浮かび上がってきます。これは国レベルでの GDP と生活満足度の関係が、近年になるほどに相関関係が薄くなっていることと類似している

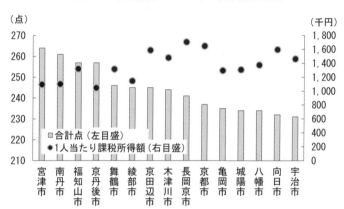

図7-3 社会指標と1人当たり課税所得額

注1：5分野（25種類）の統計に基づいて作成。課税所得額は総務省統計による。

注2：統計の出所は以下の通り。「京都府統計書」「学校基本調査」「NHK統計」などに公表されている直近の統計を採用した。なお、三世代同居率は2015年の国勢調査、財政力指数と実質公債費比率などの財政データ総務省の最新統計であった。

といえます。このことは、自治体でも所得水準の向上を目指すだけでなく、地域としての豊かさをもう一度見つめ直すことが大切ということを示唆しているのです。とりわけ SDGs 推進のステップとして、まずは社会指標で低い分野の向上を目指すことが望まれます。

● 自治体の SDGs への挑戦

　SDGs は、国連が全会一致で採択した 2016 年から 2030 年までの行動計画として、「誰一人取り残さない」をスローガンに、「貧困をなくそう」「質の高い教育をみんなに」「働きがいも経済成長も」など 17 の目標と 169 のターゲットから成り立っています。国連の動きに対応して、日本政府も SDGs を重要政策課題と位置付け、2016 年 5 月に推進本部を発足させました。自治体に対する SDGs の導入についても政府は力を注いでおり、地方創生政策の枠組みと結びつけて 2017 年度に「SDGs 未来都市」のプロジェクトを発足させています。

　自治体も SDGs の導入が望ましいことは明らかです。高齢化、人口減少をはじめとして、自治体は経済・社会・環境面で多くの課題に直面しており、SDGs の取り組みはこれを克服するための手段として望ましいのです。言い換えればSDGs は課題解決だけでなく、課題発掘の手段としての活用にも意義があるといえます。地球全体の規模で取り組み始めた SDGs は、まだ十分とはいえませんが、それでも地方にも着実に浸透しているようです。2021 年 2 月開催の「地方創生SDGs 国際フォーラム」では、全自治体の約 40 ％が SDGsに取り組み、「SDGs 未来都市」として 93 都市が選定されたこと、さらに地方創生 SDGs 官民連携プラットフォームへの

参加団体が 4000 を超えたことが発表されました。時間の経過とともに、SDGs 未来都市への自治体の参加は増えるものと思われます。

　SDGs の 17 のゴールは自治体が普段から取り組んでいる施策と関連しており、その推進が地域の雇用の創出、自治体イメージの向上につながっていきます。日本経済新聞社産業地域研究所が行っている「全国市区サステナブル度・SDGs 先進度調査」は、全国 815 市区を対象に実施されています（掲載誌『日経グローカル』）[2]。この調査は、公表データ 36 指標、独自調査 45 問から構成されており、2020 年調査の総合ランキングでは、1 位さいたま市、2 位京都市、3 位葛飾区でした。

　また、内閣府は地方創生 SDGs の推進として 2018 年度から「SDGs 未来都市」「自治体 SDGs モデル事業」を選定しています。SDGs 未来都市は、「SDGs の理念に沿った基本的・総合的取組を推進しようとする都市・地域の中から、特に、経済・社会・環境の三側面における新しい価値創出を通して持続可能な開発を実現するポテンシャルが高い都市・地域として選定」されるもので、京都府内では 2019 年に舞鶴市、2020 年に亀岡市、2021 年に京都市、京丹後市が選定されました。また自治体 SDGs モデル事業は、「SDGs 未来都市の中で実施予定の先導的な取組として選定」されるもので、府内では舞鶴市、亀岡市、京都市が選定されています。

　すでにいくつかの調査でも明らかなように、SDGs と幸福度は表裏一体です。株式会社ブランド総合研究所は、住民視点での地域の持続性に関する課題を明らかにし、将来に向けて持続性を高めるために、必要な施策や目標値設定に活用できる調査を実施しています。それは都道府県ごとに住民の幸福度や居住意欲度、悩みや地域の課題、自治体の SDGs への取り組みの評価などを数値化する調査で、「第 3 回地域版 SDGs 調査 2021」は 2021 年 5 月に実施されました[3]。この結果、居住している都道府県の SDGs への取り組みを評価している人ほど「幸せ」を感じる割合が高く、これらの人たちは定住意欲度も高いことが報告がされています。SDGs への取り組みは、住民に理解され評価されることが住民の「幸福度（幸せと感じる強さ）」を高め、地域の持続性を高めることにつながるとされています。

　さらに SDGs と幸福度との関連に関して、日本創造学会の奥正廣氏によれば、幸福度を SDGs 17 のゴールと結びつけると、健康と福祉（ゴール 3）、働きがいと経済成長（ゴール 8）、産業と技術革新（ゴール 9）、責任ある消費と生産（ゴール 12）のゴール推進が幸福度アップを促すことになる一方、不平等の解消（ゴール 10）、海の豊かさ（ゴール 14）、陸の豊かさ（ゴール 15）、パートナーシップ（ゴール 17）は、幸福度との結びつきがほとんど寄与していないことを指摘して

います[4]。このことは、SDGs は 17 のゴールの実現に総合的に取り組むアプローチが望ましいとの見方をしてしまいがちですが、SDGs は社会を変えるための目標であり、自治体は 17 のゴールを全部カバーする必要はなく、自治体ごとに優先順位を決めて取り組んでもよいとする見方にもつながります[5]。しかし、同氏もふれているように、SDGs の推進に際しては、優先順位はあっても総合的な取り組みは欠かせません。このことは社会指標のところでふれたように、5 分野の総合得点よりも 5 分野のばらつきの少ない社会指標の実現を目指す地域社会のあり方と軌を一にします。

　SDGs の基本は持続可能な社会に向かうことであり、実現に当たっては「誰一人取り残さない」ことが志向されます。これは SDGs の推進に際して留意すべきことであり、17 のゴールを一帯のものとして取り組むことが望ましいと考えます。

【注】

1）社会指標の実数は以下の通り。

平均	京都市	福知山市	舞鶴市	綾部市	宇治市
賑わい	55.2	48.4	46.6	48.7	45.5
安全・安心	41.3	48.7	51.8	56.5	47.3
生活基盤	49.0	50.8	50.5	50.0	47.9
健康福祉	44.0	49.6	46.6	47.4	45.0
社会教育	48.2	60.2	50.3	43.1	45.5
合計点	237.7	257.8	245.9	245.7	231.3

平均	宮津市	亀岡市	城陽市	向日市	長岡京市
賑わい	63.4	45.5	50.3	45.0	48.3
安全・安心	50.1	50.9	44.3	44.6	48.1
生活基盤	56.8	47.4	50.4	46.3	48.8
健康福祉	43.3	43.2	44.5	45.5	50.1
社会教育	51.2	47.8	44.7	50.6	45.5
合計点	264.8	234.7	234.1	232.0	240.9

平均	八幡市	京田辺市	京丹後市	南丹市	木津川市
賑わい	49.2	50.6	49.5	50.3	53.6
安全安心	49.8	47.8	62.4	58.1	48.1
生活基盤	49.9	50.0	44.1	48.4	50.0
健康福祉	39.3	44.8	44.7	47.0	42.2
社会教育	46.5	51.9	56.8	57.5	50.0

注：網掛け部分は各分野のトップを表す。

2）日本経済新聞の「全国市区・SDGs 先進度調査」（2021 年 1 月
4 日、『日経グローカル』掲載）。本調査は、2020 年 10 月から 11
月にかけて、国連が採択した「持続可能な開発目標（SDGs）」の

観点から、全国815市区（691市区から回答有）を対象に行われたもので、急速に人口減少や高齢化が進み、より効率的で水準の高い施策・事業を迫られているなか、各市区がどれだけ「経済」・「社会」・「環境」のバランスのとれた発展につなげているかを評価したもの。

3)「第3回地域版SDGs調査2021」は、全国の男女約450万人の調査モニターのなかから15歳以上を対象に、2020年5月1日から5日にかけてインターネットで調査を実施した。各都道府県の住民をそれぞれ350人ずつ抽出し、調査時点で移転などの理由によりその地域に居住していない人を除いた計1万6300人の有効回答による。

4)「なぜ今 well-being か（2）：主観的幸福度とSDGs」日本創造学会HP。

5) 例えば、「政府の自治体SDGs推進評価・調査検討会」（村上周三座長）HP。

む　す　び

　京都のイメージは一見、日本の他の地域に比べて様々な面で異なるように思われがちです。確かに京都のもつ歴史や文化などを背景に、その違いが取り上げられやすいのも事実です。しかし、経済というモノサシを使ってみると、実はそれほど違いは浮かび上がってきません。本書で取り上げた、例えば人口減少や観光などの悩みも、他地域で抱えている問題とそれほど変わりはありません。1章のタイトル「京都市への集積度合いをみてみよう」は、京都市の特異性をやや強調しすぎたかもしれませんが、政令指定都市以外に広げれば、各市町村内における集中による特異性は各地でも散見されます。

　京都市の財政問題はむしろ今日では自治体が少なからず遭遇していることで、少なくともそれを抱えている自治体は多いとみてよいでしょう。つまり、本書で取り上げたテーマとその記述は、地方を見る場合のメガネだと思っています。これを本書『京都発　地域経済の再考』の執筆のねらいとして受け止めていただければ幸いです。

　コロナ禍で地方自治体も身動きがとりにくくなっていますが、その底流では地方自治体の変化が脈々と流れていることと思います。その流れを創っているのは住民であり、行政体などです。それゆえ、国からの指図を待っている状況ではないし、また本来的に積極的に動いてほしいものです。

　とはいえ、地方自治体の財政的基盤は、地方交付税に代表されるように国の制度設計にかなりの部分を依存しており、個々の自治体の裁量度は 100％ではありません。その制度設計にかかわっているのが国政であり、自治体住民はそれらを含めて自ら選好する、すなわち受益と負担を見据えた望ましい制度設計を考えることになります。

　かつて「地方自治は民主主義の学校である」という名言がありました（イギリスの法学者・歴史学者ジェームズ・プライス）。著者としては、その民主主議は地方自治ばかりでなく、国政を含めた住民の選好に大きくかかわっていると思っています。

　以前に増して困難を増している地方ですが、しかし前向きに変わりうる可能性は、国よりも各々の地域にあると思います。著者としては、地域のあり方、とりわけ経済について多くの住民が気づきをもつことが、人口減少時代を乗り切る上で欠かせないことだと思っています。本書がその一助になれば幸いです。

　本書の出版に際しては、八千代出版株式会社編集部の御堂真志様に校正を通じて多くのアドバイスを頂きました。記して謝意を申し上げます。

　2021（令和 3）年　晩秋

坂本　信雄

（著者紹介）

坂本　信雄（さかもと　のぶお）

1943 年　秋田県鹿角（かづの）市生まれ。

法政大学経済学部卒業、関西大学博士（経済学）。

経済企画庁に入庁し、調査局、総合計画局などに勤務。この間、衆議院事務局に出向（予算委員会調査員）、外務省に出向（米国在日本国ニューオーリンズ総領事館領事）、1990 年経済企画庁経済研究所主任研究官を経て京都学園大学（現・京都先端科学大学）に勤務。経営学部教授を経て 2013 年 4 月名誉教授、現在に至る。

1985 年ニューオーリンズ市国際名誉市民（INTERNATIONAL HONORARY CITIZEN）。2010 年生活経済学会推薦図書賞。2013 年環境省「水・土壌環境保全活動功労者表彰」。

主な著書：

単著：「新しい物価問題」、「非定住型住民に対する公共財供給のあり方」、「起業時代の NPO」、「ローカル・ガバナンスの実証分析」、「京都　亀岡のやさしい経済白書」、「同　改訂版」。

共著：「日本の流通システム：理論と実証」、「実証分析日本経済の構造」、「日本経済論」、「東アジア諸国の企業経営：グローバリゼーション」など。

京都発　地域経済の再考

2021 年 12 月 10 日　第 1 版第 1 刷発行

著　　者 — 坂本信雄
発行者 — 森口恵美子
印　　刷 — 新灯印刷
製　　本 — グリーン
発行所 — 八千代出版株式会社

〒101-0061
東京都千代田区神田三崎町 2-2-13
TEL　03-3262-0420
FAX　03-3237-0723

＊定価はカバーに表示してあります。
＊落丁・乱丁はお取り換えいたします。